深耕细作教语文

褚美娟 著

中国海洋大学出版社

·青岛·

图书在版编目(CIP)数据

深耕细作教语文 / 褚美娟著. —青岛：中国海洋
大学出版社，2024.4
ISBN 978-7-5670-3821-9

Ⅰ.①深… Ⅱ.①褚… Ⅲ.①中学语文课–教学研究
–初中 Ⅳ.①G633.302

中国版本图书馆 CIP 数据核字(2024)第 066811 号

SHENGENG-XIZUO JIAO YUWEN

出版发行	中国海洋大学出版社	
社　　址	青岛市香港东路 23 号	**邮政编码**　266071
出 版 人	刘文菁	
网　　址	http://pub.ouc.edu.cn	
电子信箱	502169838@qq.com	
订购电话	0532-82032573(传真)	
责任编辑	由元春	**电　　话**　0532-85902495
印　　制	淄博汇丰印刷有限公司	
版　　次	2024 年 4 月第 1 版	
印　　次	2024 年 4 月第 1 次印刷	
成品尺寸	170 mm × 240 mm	
印　　张	15.5	
字　　数	270 千	
印　　数	1~1000 册	
定　　价	68.00 元	

发现印装质量问题，请致电13964472939，由印刷厂负责调换。

　　与褚老师结识是调入同一所学校之后，几次交流让我对这位教学严谨认真且做事低调的教师印象深刻。在她身上，我看到，一位"好"的教师一定是谈起教育就心潮澎湃的人。其中，涌动的便是那份对教育的爱。没有爱就没有"好"的教师，没有爱就没有"好"的教育。正是这样一份爱，让她成长为一名"好"的教师，又正是这样一份爱，成就了一种"好"的教育。

　　"博学之，审问之，慎思之，明辨之，笃行之。"在褚老师身上，有着一种对教育理想的追求。这本书是褚老师二十多年来的教育实践结晶，内容丰富，是她的教育思想付诸实践的见证。

　　她是一位有情怀的教师。"教育的本质是教人变。"教师固然是一份职业，但我们更应该把它当作一份伟大的事业。褚老师从参加工作就是两个班的语文教师和一个班的班主任，这已经是她的工作常态。从踏上讲台那天起，褚老师就对自己严格要求，对自己负责，也对学生负责。她深知，一个孩子就是一个家庭的希望，每个孩子都希望能够碰上引领自己成长的教师，无论在哪个阶段，教师对学生都是影响深远的。

　　褚老师从教以来认真对待每节课，每个环节都会做周密的计划，做到心中有学生，"不打无准备之仗"。她认为，"课堂是学生生活和学习的主阵地，是学生生命的发展场，评价方式是促使学生对语文产生兴趣的很重要的手段"。所以，褚老师改变以往单一的口头表扬与批评，利用个人评价、组内评价、同质评价、异质评价等多元评价方式，树立"组优我优"的目标，不放弃每一个学生，使每个学生都能够看到希望，体验成功，认真对待学习，最后取得整体的进步。

褚老师是一位不断学习的教师。"唯独学而不厌的人,才可以诲人不倦。换句话说,要想学生好学,必须先生好学。唯有学而不厌的先生才能教出学而不厌的学生。"这是陶行知先生对教师的要求。

褚老师在完成常规教学任务的同时专注教学研究,取得了突出成绩。她发表的论文也充分体现了其研究水平:《行走在语文高效课堂建设的路上》一文阐释了如何用整体构建的方式让学生对所学知识有宏观和微观的认识,将知识转化为能力,提高学生的核心素养;《如何指导学生预习》对提高学生自学能力有很大帮助;《把学生深深引入文本的几种方法》给每位语文老师,尤其是新教师提供了借鉴,可以帮助其提高文本解读能力,根据文本的特质来提高学生的语文学习能力;《如何激发学生写作兴趣》有助于解决学生写作文困难的问题,为教师的写作教学提供方向。

褚老师善于将问题当作课题来研究,将课题研究渗透到课堂教学中,既能向学生传递文化知识,又能培养学生良好的学习习惯。她主持并参与了省级、市级、区级课题十几项,"信息化背景下语文大单元教学的实践与研究""农村初中学案教学模式实验研究""基于主题阅读培养初中生阅读能力实验研究""大阅读教学实验研究""初中生探究性阅读实验研究""部编版初中语文作文教学策略研究""初中语文主题阅读教学的实践与研究""初中语文'读写结合'教学策略研究""初中语文整本书阅读教学指导策略研究"等已顺利结题。在课题研究的过程中,褚老师不仅注重解决实际问题,还注重经验总结。

褚老师是一位有较高教学技能的教师。教师不仅要具备丰富的知识和良好的职业道德,还应具备高超的教学技能。华东师范大学教授叶澜认为,一堂好课没有绝对的标准,但有一些基本的要求——扎实、充实、丰实、平实、真实。这些要求说起来容易,真正做到却很难。

综观褚老师的教学设计,有参加各级比赛的获奖案例,其中《济南的冬天》《亲情歌吟》荣获"全国中小学信息技术创新与实践活动"(教学实践评优赛项)一等奖;《珍珠鸟》《谁是最可爱的人》《伟大的悲剧》《老王》等获得市、区优质课一等奖;还有反复打磨的优课,如《五柳先生》《苏州园林》等。她关注学生的学习反馈,了解他们学习过程中出现的问题,课堂上因势利导、循循善诱,于无疑处激疑、于有疑处激趣,注重引导学生自主、合作、探究解决问题，并且及时优化教学策略，培养学生的语文思维能力、自主学习能力和实践能力，让学生享受语文课堂的魅力，有针对性地提升教学效果。正是在这种不断的追求中，褚老师的专业水平也不断提高，多次在各级比赛中获奖。

褚老师是一位和同事、学生共成长的教师。褚老师在平时的工作中，为人热情、诚恳。每当语文教学组承办各种活动时，她身为备课组长，都会积极与其他教师做好服务工作。当活动圆满成功并得到领导表扬时，她总是笑着说："几天的忙碌与疲惫又算什么，如果能换来信任再累也值得，而且这是我的责任。"因为她知道每接受一项任务，就意味着做出一个承诺，所以大家都愿意和她一起搭档。

褚老师在发展自己的同时，也不忘带领年轻教师成长，不管是教学工作还是班主任工作，都能起到模范引领作用。褚老师带领年轻教师对《语文课程标准》进行研读，了解语文课程改革的目的、掌握当前语文课程改革的重点、明确语文课程各年级的总目标和各内容的分级目标、理解语文教学原则、提出一些科学评价原则等，为后面的教学提供充分的依据、奠定扎实的基础、保证教学的顺利进行。正是这样的示范引领，使身边的青年教师快速成长，多人承担课题、发表论作，执教区级公开课，成为同龄人中的佼佼者。

作为一名语文教师，褚老师致力于帮助学生提高听、说、读、写的水平。褚老师把语文教学视为让学生在写字、读书、作文中陶冶性情、丰富情感、学会做人、活跃思维、培育智慧的途径。褚老师为了激发学生的写作兴趣，与学生一起写作文，课堂上不仅分享学生的佳作，还将自己的文章让学生进行批改，发现不足，提出修改意见，师生共同进步。

褚老师的阅读写作涉猎广泛，有专业书籍，有和学生共读的书籍，还有影评。她用自己的方式记录读书学习，体现了她对学生的责任感和使命感。因为她知道，生活的目的不在于炫耀和享受，而在于精神上的充实。

褚老师的一位学生曾经这样评价她："您的语文课堂让我在初中阶段接触到了很多书本上没有的内容，并极大地提升了我的写作能力，让我养成了受益至今的思考习惯。我不仅是在学习语文，也是在学会生活，学会做人！"学生的肺腑之言再次让我看到褚老师以爱心和智慧为底色，以勤奋和奉献为路径，以学生成长为目标，不断更新教学理念，创新教学模式，提高课堂效率，为学生的美好人生奠基。

　　语文教学的长河是无尽头的。愿褚老师能多一份从容，多一份坚守，多一份创新，且行且思且进步。与语文同行，与幸福相伴！

杨国清

2024 年 1 月

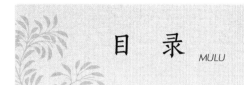

目 录 *MULU*

第一章 语文教学之思——研有所思 教学相长

第二章　语文教学之行——深耕课堂　躬身实践

第三章　语文教学之感——徜徉书海　抒写我心

第一章

语文教学之思

研有所思　教学相长

走进课改　反思课改

随着新课程改革的不断深入，我感受到了新课程改革的"美丽"，也感受到了新课程改革的困难。下面结合自己在教学中的认识谈几点感受。

一、学生的自主探究需要教师导航

自主探究并不是学生自己漫无目的地学习、发现问题，而是在教学中养成自主学习的习惯，尤其是自主探究的能力。学生的自主探究需要在教师的引导下完成，否则很容易偏离学习的重点和难点。例如，在学习《三峡》这篇课文时，学生掌握基础字词后，在整体感知环节，教师可以让学生回答本文主要写了什么，它们的特点是什么，明确写景物要抓住事物的主要特点。在学生回答完这些问题后，紧接着让学生思考，课文是怎样抓住这些特点进行描写的？其目的是让学生明确描写景物的方法，学以致用。通过学生的回答总结写景的方式，如正面描写和侧面描写相结合，动静结合，抓色彩、季节、线条，不同角度的变化等，引导学生结合相关的语句进行分析。此环节不一定非得揭示目标是什么，但在教师引导的过程中学生已经把难题突破了。

二、学生的交流答疑需要教师点拨到位

新课程改革的实施有助于学生掌握学习的主动权，让学生充分发挥主观能动性去探索课本的知识，成为课堂的主角。教师只有在课堂上充分保障每个学生的学习积极性，营造学生敢于表达观点的课堂氛围，才能让学生感受到自己是课堂的主人，才能让学生对学习产生浓厚的兴趣，让学生由被动学转变为乐学，从而学有所得。这一过程并不代表学生的回答一定要到位，更重要的是教师的及时点拨，我认为教师可以从以下几个方面进行点拨。

（1）意见分歧处点拨。学生在探究、回答的过程中难免会出现意见不统

一的时候，教师不是简单地判断正误，而是要引导学生通过分析得出自己的结论，并且指导学生在回答问题时关注表达的条理性和规范性。

（2）学生对文章的多元化理解，前提是尊重教学内容本身。如果脱离教学内容，这种多元化的理解是偏颇的，这就要求教师在处理学生多元化理解时，注意学生价值观的取向。如学习《爱莲说》一文时，有的学生对"淤泥"大加赞赏，认为淤泥功不可没，如果没有淤泥的付出，就不会有荷花的绽放；有的学生则对作者批判的世俗风气持反对意见。对于学生提出的相反见解，教师首先要肯定这种求异的思维，同时做出正确的引导，不能简单地带过。总之，这种多元的理解需要教师对课堂具有灵活的掌控能力。

三、正确处理文本的内涵和拓展延伸的关系

对文本内涵的理解是基础，拓展延伸是对文本理解的补充和提高。课本的内容是个"例子"，学生只有将这个"例子"学好，才能具备基本的分析能力。教师要注意引导学生掌握最基本的学习语文的方法，如对字、词、句、段、篇的分析，使学生在学习的过程中能够通过对文本的理解发现文中所蕴含的核心思想，然后再进行适度拓展延伸。

例如，在学习《愚公移山》时，教师可以问学生什么是愚公精神，接着追问，在飞速发展的今天，还需不需要发扬愚公精神。学生对于课文中愚公所面临的困难已经掌握得很到位，自然而然地认识到社会主义现代化建设仍是一项极其伟大而又艰巨的任务，必须毫不动摇地坚持下去，才能取得成功。学生回答出此层含义后，教师应再次强调，虽然我们早已处于物质条件丰富的信息化时代，但时代的前进仍然需要我们继续秉持愚公精神并奋发努力。教师应向学生强调，如果人人都只求眼前利益，又怎么会有"神舟"系列载人飞船的发射成功？怎么会有我国几十年的辉煌成就？怎么会有时代的飞速发展？人类的巨大进步是否还能实现？我相信通过这几个问题的拓展，学生不仅了解了愚公精神的伟大，还会对自己的学习生活有更深的认识。

再如，学习《邹忌讽齐王纳谏》一文时，教师可以用课文《触龙说赵太后》类比分析，因为这两篇课文都是很有名的劝谏类文章，要让学生从中体会这两篇文章的劝谏艺术。教师可以引导学生从以下几个方面进行分析：第一，背景不同。"邹忌讽齐王"时没有大军围攻的危急形势，只有身为臣子为国效忠的职责；"触龙说赵太后"时则是秦国大军压境，齐国以长安君做人质为援助条件，赵太后拒绝以长安君做人质。第二，劝说对象不同。齐王

励精图治，勇于纳谏；赵太后贤明大度，却宠溺幼子。从而得出二者的共同点：没有所谓的公开指责、批评，而是站在对方的立场上，以情感人，从而成功达到说服的目的。通过上面的两点分析，学生对劝谏艺术会理解得比较到位，如果再遇到此类文章，学生将会触类旁通。

四、充分调动学生参与课堂的积极性

在新课程改革的课堂上，学生成了主角，怎样调动学生参与课堂的积极性？我结合课堂实践，总结了以下几种方法。

1.树立勇于参与课堂发言的意识

在课堂上，要让学生敢说，围绕提出的问题积极思考，让学生感觉课堂是为他们而设，心里就会有种安全感。对于学生的发言，教师要不断鼓励，可以评选"课堂小擂主"，抓住学生自尊心强和旺盛的展示欲望，让他们尽情地发挥，哪怕答案是不标准的，也需要从一开始就让学生敢于说话。

2.培养小组参与积极分子

划分好小组后，对于在小组中威信高的、敢于发言的学生要有意识地培养，对其语言表达、回答问题时的注意事项进行指导规范，让他们去带动、影响更多的学生参与课堂。学生鼓励学生，有时比教师的鼓励更有效果。

3.及时评选课堂积极分子

有了学生的课堂参与，就迈出了打造好课堂的第一步。每个学生都有自尊心，都希望得到别人的肯定，这时可以通过评选课堂积极分子的方式来增强学生自信心。例如，通过在班级文化角张贴他们的照片，或发小奖状，或在家长群表扬等简单的方法，使学生参与课堂的情绪高涨。

4.建立课堂评价标准

任何事物都是"不以规矩，不成方圆"，假如一次发言给这个小组加 5 分的话，那么时间长了，回答问题的就是这么几个人，很容易出现精英化展示的情况。因此一段时间以后，可以再进行调整，一个人发言一次得 10 分，有几个人参与就给小组加多少分，按学生参与的人数加分，由精英化展示到大众化发言转变，这样就实现了由次数到人数的转变。

五、关注学情，达标定向有层次

关注每个学生，使每个学生在不同的层次上有所提高，这是新课程改革的基本理念之一。每个学生因学习过程、学习经历、学习习惯各有不同，在学习过程中产生的结果存在差异，所以对学生达标的设置也要有所不同。要达到这一个目标，教师就要做到心中有数，了解学生知识层次的差异，以此来设计教学方案。对学生的达标设置要因人而异，让每个层次的学生都能找到自己的位置，认为语文并不难，对语文学习充满信心。只要学生的学习热情被调动起来，就会出现好的结果。

新课程改革的形式多种多样，我们要不断地反思，如果只是一味地生搬硬套别人的模式，而不考虑自身的实际情况，不去领悟课堂改革的思想及其精神实质，那么最终只能是与新课程改革的要求背道而驰。细细领会教育的本质及新课程改革的要求，我们要做的应该是多思考、多实践，自己去"拿"。借鉴固然必不可少，但在此过程中更应结合自身的实际情况去进行改造与创新。只有在此基础上扎实稳步地推进教学工作，才能做到一步一个脚印，在教学的过程中不断前行，找到适合自己的课堂改革方向。

行走在语文高效课堂建设的路上

初中语文使用的教材，基本是按主题编排的，一册书大多为五个或者六个单元，每个单元可能涉及多篇文章，文体也不同。对于这样的编排，大多数语文教师是一课一课地讲，这样学生学到的是一个个零散的知识点，对于语文素养的提高效果甚微。语文单元整合教学是语文课堂改革的出路，这种教学方式可以根据不同单元的特点提炼本单元的整合点，使本单元的教学内涵和人文价值得以真正实现。这种整合可以将有限的时间充分利用，还可以让学生有更多的阅读时间来拓宽视野，这对于学生获取知识、提高能力和发展个性都有很大的帮助，也是现阶段语文课程改革中提高课堂效率的一条有效途径。

立足于一个单元的内容，语文教学可以设计以下几种教学模式：单元整体阅读教学、精品阅读教学、主题阅读教学、作文教学。

单元整体阅读教学首先要让学生预习本单元的文章，预习的内容涉及字词整理与文学常识，要能够读通、读懂课文，画出不懂的地方；还要能提出问题，问题可以涉及主题、体裁、语言、个人观点等角度。给学生充分的时间预习后，师生可以站在更高的平台上进行交流。

例如，在鲁教版七年级下册第一单元"战争"的整体阅读教学中，学生在整体预习本单元的所有文章后，基础的字词通过检测的形式进行巩固，文学常识部分通过学生脱稿演讲来完成，对于文章内容的感知则可以通过概括文章主题的形式来完成，也可以从文章的表达方式、体裁等方面对文章进行探讨。再上升一个层次，就是对本单元进行评价欣赏，可以让学生谈谈战争中的人性美。这种美，是璀璨耀眼的美，也是让人震撼的美，更是让人感动的美。《蜡烛》一课中的老妇人把自己结婚后珍藏 45 年的蜡烛点燃，放到苏联红军战士的坟头，让我们看到了一位母亲的博大胸怀，一种超越国界的深爱。《亲爱的爸爸妈妈》这一课中表达的是哀伤、悼念，希望人世间不再有战争和屠杀，这是何等的大度与宽容。在战争中我们看到了人性的另一面——博爱、公正与宽容。

精品阅读教学主要考察语文教师对教材中丰富研究价值的挖掘能力，以此提高学生的鉴赏能力，特别是一些经久不衰的名作更具有研究的价值。这时教学要打破目录中带星号的重点讲和不带星号的不讲的传统认知。如果这篇文章是自读课文，但它对本单元的主题确定或写作手法或学生学习语言很有帮助，那么也可以和学生一起学习。例如《列夫·托尔斯泰》这篇文章是带星号的，但它在初中阶段是一篇描写人物的典范文章，教师就可以利用这篇文章引导学生学习如何刻画人物和欲扬先抑的手法，让学生有自己的认识之后再进行仿写训练。

主题阅读教学意在把课内阅读与课外阅读有机结合起来，让学生不再拘泥于课本的固有知识，以拓宽学生的视野，从而提高学生的语文素养。对于学生的拓展阅读资料，教师可以推荐，学生也可以自己搜集，然后进行研究性学习，形成自己的认识。

例如，鲁教版六年级上册第二单元是"亲情"主题，在学完本单元后，我给学生补充了几篇有关亲情的文章，如《令人震撼的故事——母亲买的水果》《生命的跪拜》《母亲的记账清单》《母爱的力量》《父亲的习惯》《叫一声"爸爸"》《延长生命》《母爱是一根穿针线》《三袋米的故事》《孩子，我为什么打你》《牵母亲的手过马路》《母亲的菩提树》《智慧的美丽》《一个真挚感人的亲情故事》《从狼嘴里交换来的母爱》《父亲给我捂脚》等，这些文章都是以亲情为切入点，但侧重角度不同。学生在集中阅读后，自然而然地会对亲情的描写产生研究的兴趣。根据学生的实际情况，我要求学生从自身的理解出发，从不同的角度、以不同的方式去查阅资料，以自主探究的方式加深其对亲情刻画的全面认识，从而产生新的思考。有的同学收集了有关"亲情"的谚语和成语，丰富了亲情的表达方式；有的学生从生态学的角度收集有关"亲情"的图片，了解了动物之间的"亲情"；有的从家里找到一件最有意义的物品，叙述家庭往事。然后，学生对其自主收集的信息、自然生发的感悟进行系统的复盘与整理，撰写有关"亲情"的调查报告或小论文。主题阅读教学还可以根据实际情况搭建平台让学生进行主题展示，可以是诵读、辩论、电影推荐、演讲等形式，使学生自主探究的意识得以增强。

根据《语文课程标准》的具体要求，语文教师应当注意引导学生写自己最感兴趣的内容、说最想说的话、写最想写的事，以此来抒发真实情感。在这个过程中，激发并保持学生兴趣的最有效的方式就是让学生找到自己最感兴趣的内容。

作文教学主要是在单元主题的基础上进行选题。通过作文练笔，让学生对单元主题有更深层次的认识与思考，使学生的思维不再局限于某一篇文章。这种方式提高了单元整合的学习能力，为以后的语文学习增添了信心。例如，鲁教版六年级下册第一单元可以围绕"理想与信念"、七年级下册第一单元可以围绕"远离战争，呼唤和平"、八年级下册第一单元可以围绕"影响我的身边人"进行作文练笔，既让学生学到不同的表达刻画，又让学生明白同一主题可以用不同的风格来刻画，这样的写作能加深学生对单元内容的整体认识。

任何一种课堂改革都需要不断地实践和探索，语文单元整体阅读教学可以实现教材的整合，促使教学目标更适合学生，促进教与学的和谐统一，既能提高学生的学习能力，还能提高学生的学科素养。

新课程背景下初中语文课堂教学新思考

对于一个学校来讲，提高教学质量的关键是课堂。我们一直追求的高效课堂实际上就是高效率与高效益的统一。只有以学生为中心，调动学生的积极性，让学生成为课堂上的主人，鼓励学生自己去探索、去提问，让学生变得乐学、会学、善学，才能提高课堂的效率与效益，改变以往教师单方面输出知识的低效率、低收益的局面，迎合新课程改革的需求，实现新课程改革的目标。高效课堂教学是我的梦想，在不断实践的基础上，总结出以下几点与大家分享。

一、转变观念，营造新型师生关系

传统的课堂教学以教师为主体，授课时往往一讲到底，学生只是被动地听、被动地学、被动地记。有时成绩不理想，往往会听到这样的抱怨：这个问题我已经讲过多遍了，还不会；这个重点我已经强调十几遍了，还记不住；这个问题考试前我刚强调了。教育的最高境界不是让学生去追求统一的"完美"标准，成为"完美"学生，而是让学生在教师的引导下，在学习过程中一步步发现自己、找到自己，从而成为最好的自己。因此，教师需要调整自己的心态，转变自己的角色，注重营造和谐、宽松的课堂氛围，可以让学生走上讲台体验教师的角色，给学生提供与教师平等对话的机会，在课堂中使学生勇于展示自我，鼓励学生说出自己的不懂之处，利用多种方式真正调动学生参与课堂的积极性，实现"我的课堂我做主"。

教师还要提高自身修养，走进学生的内心，做一名学习者。教师的素质决定课堂的高度，也决定了一节课质量的优劣，从这一点上来说，教师又是决策者。例如，学完《我的星期天》《秋天的怀念》等课文后，可以开展"感受母爱"的读写交流活动。通过专题阅读和写作，使学生进一步了解母亲、理解母亲，引导学生以感恩的、坚强的、乐观的心态面对生活。每次开学后都会开展"多彩假日"旅游交流活动，学生用幻灯片展示节假日与父母的快乐之旅，作品图文并茂，非常精彩，深受大家欢迎。对于展示者而言，他们不仅享受了自然之美，也从展示中体验到了分享的快乐；对未认真完成这项作业的学生而言，这也是一次自我教育。有的学生在日记中反思自己虽然也旅游了，却因未认真完成这项作业而错失了与大家分享成果的机会，深感遗憾。一次实践活动的背后，是对学生学习态度的塑造。

在实际的教学过程中，阅读教学贯穿始终。每当课程进行到一个阶段时，我们都会上一节阅读展示课。学生自己做幻灯片，展示的形式可以是以个人或者小组为单位，形式自定，可以展示这段时间自己阅读的作品内容，也可以分享阅读感悟，也可以是自己对课本拓展内容的探究等。在展示的过程中，我看到了学生的自信、大方。有时我想，如果我把阅读感受强加给学生，即使我讲得再好，学生也会感觉索然无味。不如自己查资料、做课件再展示出来效果更好。学生在展示的时候，其余学生也愿意听，因为他们之间有亲近感。最重要的是锻炼了学生的语言组织能力和表达能力。学生展示完毕后，师生会一起评出"阅读之星""演讲之星""最佳展示小组"等奖项，学生和我的关系也越来越近了，有知心话都愿意和我交流。

二、提高备课实效，奠定高效课堂基础

备好课是上好课的前提，备课的过程就是教师将所学知识输出的过程，提高课堂效率的前提就是备好课。

同样是备课，采取的方式和方法各有不同。例如，一部分教师是先自己研读文本，读出自己的理解，读出文字背后的东西，然后再去寻找自己所需要的资料来丰富自己的认知，提高自己的备课效率。还有一部分教师不去研究文本，拿到文章就去下载课件和教案，教学过程中没有自己的见解，都是搬运别人的内容。这样的课堂虽然看着很顺畅，但是这时教师就成了幻灯片的翻动者，而不是知识的灵活传授者。

如果教育的最高境界是让学生发现自我、找到自我，从而成为最好的自我的话，那么身为教师最需要做的便是唤醒，唤醒学生对于获得知识的渴求，唤醒学生对于追求梦想、追寻自我的动力，唤醒学生对于发现自身优点、努力争取成果的自信心与行动力。在备课的过程中，教师对学生学情的把握也很重要。教师可以通过多样的检测方式掌握学生的学习情况，根据发现的问

题及时调整教学思路。教学设计要符合学生的接受水平，这样的课堂才是有生命力的。

对于教师来讲，备课是最日常的工作，但备课的过程也是展现自己对教材处理能力的过程。例如，在讲授《答谢中书书》时，学生对于文言文作品不太理解，教师可以联系陶渊明所处的朝代，给学生补充背景资料，联系陶渊明的《桃花源记》《饮酒》《归园田居》等作品，让学生更好地理解那个时代文人的特征。

那么，既然陶弘景遁迹山林，在信中不叙朋友友情、志趣等，却为什么多角度地描绘山川之美呢？这时候可以告诉学生，作者这样做是想把自己见到的美景与朋友共享。在信中与朋友谈景不是陶弘景首创，文本中作者就告诉我们，这种情况是"古来共谈"，这样也就不足为奇了。

因此，我们首先要把握学情、精心备课，才能提高课堂效率，实现高效课堂。

三、教会预习方法，提供展示舞台

"预习：学习的起点，让 50% 的学生通过预习掌握 50% 的问题。"在以往的教学实践中，我们发现学生没有自主预习过的内容难以推动课堂进度，而且也无法获得理想的教学成果，这就告诉我们要重视学生的预习。只有让学生对所学知识提前进行充分了解，其学习积极性与主动性才会大大提升。预习给课堂带来的收益是不言而喻的，我们看到的一堂堂高效率的课，前期教师的预习指导尤为重要。

为了培养学生的预习习惯，每个学期初，我就拿出专门的时间和学生一起预习，包括批注的方法、字词的积累、主题的概括、文学常识的搜集整理、文章内容的理解等。学生有了自己的发现可以相互进行讨论交流，在交流中做到资源共享。在一次次的预习活动中，学生慢慢掌握了基本的预习方法，做到发现问题、分析问题、解决问题，这样就达到了预习的目的。

除了学会预习，学生在课堂上的展示也很重要。例如，以接龙读、个人读、小组读、男女对抗赛等形式让学生朗读课文，这时你就会发现学生预习得很认真，错字、断句等问题会自己解决。我们要充分信任学生，只要给他们一个舞台，他们就会给我们精彩。因为每个学生都愿意将最好的一面展示给同学，每个学生的自尊心都很强。再如，如果语文作业是随笔，这时告诉小组长，明天推荐小组中写得认真的学生在课上展示，你就会发现，第二天每个学生都会认真准备，并且都比平时写得好，因为每个学生都有展示的欲望，自信就是在这样的锻炼中慢慢提高的。

当然，展示的过程中也要组织学生进行评价，让学生在评价的过程中学会主动倾听、主动理解他人的观点与看法，并且在此过程中不断审视自我、不断反思，以便对他人的观点进行补充和完善。仅是个别学生的自我展示难以完全调动所有学生的积极性与主动性，但评价这一环节却可以充分调动所有学生进行二次思考，让他们在倾听的过程中真正地"动"起来，让课堂在不断地互动中"活"起来，我想这也正是新课改的目标，是每位教师所追求的理想课堂。

四、重视小组学习，保证全员参与

俗话说："三个臭皮匠，赛过诸葛亮。"高效课堂倡导小组合作学习。如果能够实现学生的学习方式由"被动学习"向"主动学习"转变，让课堂充满生命活力，那么高效课堂的目标就已经基本实现。

在我们班，小组分好后，会民主投票产生小组长。小组长的学习成绩不一定是最好的，但一定是敢于担当、责任心和组织能力强的。刚开始进行小组交流时，有的学生不说话，总听别人说，这时可以采用给小组加分的方法激发学生的学习兴趣和参与合作的欲望。再到后来，让每个小组展示合作的过程，下面的学生认真倾听，发现他们小组在合作时有什么经验和问题，从而寻求自己小组解决问题的最有效的方法。要求合作完成问题时，必须分工合作，如谁先讲，谁记录，谁后讲，谁集合小组意见发言。当一个小组展示完毕后，其他学生对合作习惯和合作内容做出评价和补充。

一个小组合作展示后，另一个小组再展示，让学生都有展示的机会，小组之间也能取长补短。通过这样的方法，让每个学生都学会合作。教师提供展示的舞台帮助学生树立信心，鼓励每个学生参与到课堂学习中来，尤其是学困生，更应该加以关注。

小组的合作学习慢慢进入正轨后，要充分发挥小组长的管理和榜样作用。可以由学习委员每天公布小组的积分情况，每周公布优秀小组；将获得优秀小组的学生的合影张贴在班级展台中，并且告诉家长。开家长会时，可以让每个小组长发言，从学习、卫生、纪律等方面总结本组成员的情况，小组长的发言大都全面积极，意见也非常中肯，获得家长的好评。

小组的合作学习充分体现了新课改的核心要求：自主、合作、探究。我们利用划分小组的方式让学生进行合作学习，实际上就是让每一位学生都能参与到课堂中来，力争做到身动、心动、神动，让学生在小组的浓厚学习氛围中和同学的帮助下勇敢地迈出第一步，从而建立自信心并积极地投入课堂中。学生只有全身心地投入课堂，课堂效率才会提高，获得可观的课堂效益。

五、利用当堂检测，把握学生学情

高效课堂模式的最后一个环节就是测评。当堂检测既是对所学知识的检查，又是教师了解与把握学情的途径。

当堂检测的内容是多样的，可以是口头的，也可以是书面的。检查的形式可以是小组内互查，也可以是男女生的对抗，形式与内容的多样性也能提高学生的学习兴趣。检测结果一定要纳入小组的评价体系中，最后评出优秀小组或者优秀个人，让学生学有所得，学有所获。教师还可以通过检测，了解学生对本节课知识的掌握情况，为下节课的备课提供重点与方向，同时也为布置预习任务提供了方向。

总之，走在课程改革的道路上，我们每一位教师都是实践者。我们要有能力、有信心做好每一项工作，在我们的不懈追求下，一定会实现高效课堂的目标。

论语文教师的课堂语言感染力

语文教师，不仅要学识渊博，还要有课堂的感染力。换句话说，课堂语言感染力直接决定着学生的学习效果。我认为提高语文教师的课堂语言感染力，可以做好如下几点。

一、规范课堂教学用语

每位教师都是受过专业训练，对语文教学的专业术语要准确使用，不能用似是而非的语言。做到这一点，教师要认真研究教材，熟悉各个学段的知识体系，准确把握各个知识点，做到课堂上的表达游刃有余。教师的语言表达还要富有逻辑性，特别是针对学生容易混淆的概念，语言的准确表达显得尤为重要。在备课时，教师要对每个教学重点和难点进行分析，精心组织教学，甚至要考虑怎样导入、怎样过渡、怎样结尾、怎样讲解重点和难点，这样学生才能正确地掌握知识点，提高课堂学习效率。

二、发音要准确

当下我们都意识到了字词句教学的重要性，教师在对文本进行深度解读的基础上，还要善于发现一篇文章中某个词或句子可以起到牵一发而动全身的作用。

谭轶斌老师称"字词句"是学习语文的"细胞"，马骉老师则称教语文"语言是非下功夫不可的"。语文教师是文化的传播者与传承者。在课堂上，教学的第一步就是示范读音，尤其是生字、生词以及变调，我们很难做到像播音员那样字正腔圆，但字的基本读音要准确，学生的第一印象是最重要的。语言文字是学习语文的基础，所以教师上课的发音以及语言表达就显得尤其重要。

语文教师作为母语的传承者，要对自己的发音加强练习，做到字正腔圆。

三、朗读要有感染力

任何一篇文章都要求学生通过朗读进行整体感知。教师的阅历比学生丰富，对教材的把握也比学生更准确，所以教师的朗读要情感饱满。哪怕只是一个句子、一个段落、一篇短文章，对学生也会产生很大的影响。这就需要教师加强对文本的解读能力，用朗读将学生带入文本、体悟文本，从中汲取精神养料，达到学习的目的。

四、对话要有鼓励性

学生是课堂学习的主人，教师对学生在课堂上回答的问题或者提出的疑问要进行肯定，也许一句鼓励或肯定的话会让师生关系更融洽、课堂更高效，增强学生学语文的信心。"你敢于起立回答问题，有进步，请坐""你回答问题的逻辑性进步很大""小组会感谢你为他们赢得了一面红旗""老师感谢你给大家提出了一个讨论问题的机会"等话语，教师不要吝啬。

一个优秀的教师，总是会抓住一切机会鼓励学生，让学生树立学习的信心，找到学习的动力。

五、体态语要有亲和性

课上无声的语言便是教师的体态语，学生起来回答问题时，不管对错，都希望得到教师的关注，教师要用欣赏或者赞许的目光对学生微微点头。虽然这些体态语言很简单，但对学生来说就是一种鼓励。假如有学生走神了，教师可以轻轻地走到学生身边，停留几分钟，给学生一个改正的机会。教师的面部表情变化也是学生上课观察的重点，教师的一个微笑也许会给学生带来一份自信。教师在课堂上应该常带微笑，一个板着脸上课的教师很难让学生喜欢。另外，教师的服饰也要做到端庄大方，过于新潮会影响学生的注意力。

想让学生喜欢语文，那就从语文教师的课堂语言开始改变，让学生感受言语之精妙，洞见言语之精髓，把握言语之理趣。

如何指导学生预习

叶圣陶先生说过，在精读指导前要先让学生学会预习，可见预习在语文课堂中的重要性。一线教师有这样的体会，学生做好了预习，课堂教学推进较快，效果较好，课堂效率较高。

要想指导学生的预习，首先要知道学生存在的问题。学生的预习不够理想，主要表现在以下几个方面：①存在应付现象。学生仅仅把预习作业看作是需要完成的一项任务，没有高标准地去完成。而家长所谓的严格要求也仅仅是检查作业完成了没有，至于完成的效果和程度知之甚少，长此以往，学生的预习作业就等于没有完成。②形式不够多样。写的作业，大多数学生能够完成，如果是查资料的作业，完成起来就有些困难，如上网查找时代背景、作者生平等，当然也有家庭条件等客观因素的限制。③没有深度。学生在预习课文时，仅仅是浮于表面，没有深入思考，多数学生提出的问题仅仅是字词句方面的，这也体现出预习作业缺乏指导性，以至于学生的预习没有深度。

鉴于以上问题，我也做了一些探索，基于此谈谈语文课前预习指导的几点体会。

第一步，读。语文教学离不开"读"，初读课文，让学生对课文内容有大致的了解，与文本有初步交流。课文要多读几遍，在此基础上完成三个目标：①第一层目标：通读课文，能自己解决预习中遇到的生字词。扫清文字障碍后，可以根据学到的方法给文章分层，梳理文章的脉络。长此以往，学生的自学能力就会得到提高。②第二层目标：熟读课文，做到有感情地朗读，能概括文章的主题。③第三层目标：将自己发现的优美段落进行整理归类，并且能进行有效背诵，提高预习效率。经常让学生去读和记，为写作积累素材。例如，《安塞腰鼓》一课，教师要求学生完成第一层目标：正确理解

"亢奋、羁绊、蓦然、烧灼"等词语；完成第二层目标：正确流利地朗读课文，找出文中能够体现安塞腰鼓气势美和生命力的语句做批注。完成第三层目标：诵读喜欢的句子和段落并背诵，丰富积累，提高写作水平。

第二步，想。利用自己学过的知识对新课进行预习，试着对课文进行分层，概括层意，结合文章前的预习提示来体会文章的内容。例如，预习《纪念白求恩》一课时，教师首先了解到，学生在小学都学过白求恩的故事，以此为基础指导学生结合课下注释来整理字词，利用抓关键词的方式来概括每段的层意。然后结合每段的内容思考整篇文章体现了白求恩的什么精神。学生带着问题预习课文，逐层对文章进行理解，进一步掌握文章的中心。通过这样的预习，可以锻炼学生利用某些关键词句来概括段意，再利用段意来归纳文章的层意，从而了解段意、层意和文章中心的关系，进一步培养学生利用所学知识解决新问题的能力，提高预习能力。

第三步，疑。古人云："学贵有疑，小疑则小进，大疑则大进。"在教学中，教师要引导学生质疑，敢于发表自己的见解。

（1）抓文章的题目。课题的作用之一就是揭示文章的主要内容，围绕文章的题目就能够抓住文章的主要内容。例如，史铁生的《我的梦想》一文，一看到这个题目就马上想到，"我的梦想是什么？""前后发生了怎样的变化？"再如《死海不死》这篇文章，一看到这个题目，就会产生疑惑："死海"怎么会不死？是什么原因导致"死海"死亡的呢？培养学生养成对文章题目进行质疑的习惯，可以促进学生发现问题、解决问题能力的提高。

（2）从某些关键语句入手，如主旨句、总结句、承上启下句、开篇点题句等，帮助学生整体感知文章内容。

（3）根据自己的认知水平来质疑，可以是针对文章的修辞方法，也可以是文章的结构、重点词句、写作方法等难点。教师要善于保护学生的好奇心，即使学生提出的问题是非常简单的，也不要轻易否定他们，应肯定学生独立思考、大胆质疑的精神，只有这样，才能使学生的创造性得以充分发挥。

第四步，查。初中的文章篇幅较长，仅从课下注释中无法得到充足的背景知识，可以放手让学生自己查阅资料，也可以利用网络资源下载相关文本，还可以进行一些必要的社会调查访问，让学生拓宽视野、加强理解，提高实践能力。

第五步，写。语文学习对学生的影响是潜移默化的，每个学生可以准备一个课外阅读积累本，在阅读的过程中将不同的内容分类摘抄，认为能够打动自己的部分，可以自主进行诵读，然后组织大家进行交流分享，鼓励学生积极表达和分享自己的观点，给予学生展示自己的舞台。在学生诵读展示的过程中，我们会发现学生摘记的能力和主动背诵的能力会潜移默化地得到提高，也为写作能力的提高奠定基础。例如，《我的星期天》这篇文章运用景物描写和细腻的心理描写来展现作者盼望妈妈陪自己出去玩，由希望到失望的变化，可以指导学生将景物描写和心理描写分类整理，进行摘抄，最好利用课堂的时间进行背诵，接着让学生进行这方面的片段写作。这样不仅可以拓宽学生的视野，还能够丰富学生的作文储备，提高读写结合的能力。

从以上分析可以看出，预习对学生学习语文的重要性，而学好语文可以为学生的终身学习和发展奠定基础。作为教师，要注重学生预习习惯的培养，教给学生多样的预习方法，让学生学会发现、学会学习、学会提出并解决问题、学会反思和总结学习经验，全方位提高学生的语文素养，以适应时代发展的要求。

把学生深深引入文本的几种方法

当前，中学语文课程改革如火如荼，多种多样的教学方法让我们难以分辨哪种适合学生。新课程改革的要求就在于将课堂的主动权交给学生，让学生成为课堂的主人，从而令课堂更具有生机与活力。一个处处充满学习积极性和主动性的课堂才是有生命力的课堂，也只有这样的课堂才能让学生在精神上得到满足，在灵魂上得到升华；也只有这样的课堂才能让教师与学生进行充分的互动与交流、智慧的碰撞、情感的交融、心灵的沟通，实现师生在学习这条道路上的相互合作、携手并进。进行至此，新课改的教学目标才能算是得到全面实现。

结合我自己的听课、评课的过程和教学实际，浅谈几种把学生深深引入文本的几种做法。

课前：即在备课阶段，教师要研读教材，在研读教材的问题上，余映潮老师的一句话可谓经典，即语文教师研读教材就是要先把教材读"厚"，然后再把教材读"薄"。所以，研读教材的第一步就是要"读厚"教材，广泛搜集资料，了解大家对于教材的不同见解，丰富自我知识储备量；第二步是读进教材，沉浸到文本中去体会教材的本味；第三步是读出教材，从教材中提炼出其最为核心的观点以及自己体会、思考到的独特见解。

一、读厚教材

所谓的读厚教材，就是首先要通读教材，正确把握教材的特点和教材编写的意图。例如，我们现在使用的教材是按照主题编排的，已经打破了文体的界限，如果缺乏对各主题之间整体框架的构建与联系的把握，缺乏专题的意识，甚至只是照搬教参的话，我们的课堂很难将学生引入文本。其次是大量阅读资料的积累，教师只有在备课过程中下功夫，对教材观点进行大量的阅读查证，以上下求索的精神在阅读的过程中深化对教材的认识，才能在课堂上引经据典、旁征博引，才能深入挖掘知识有趣的一面，将课堂变得妙趣横生。同样，教师只有课前认真阅读和学习作者创作之时的背景与人生经历，才能得知为何作者在其特定的人生阶段有感而发、挥笔成文，才能真正做到知人论世，正确解读文本。例如，讲授初一教材中的课文《生命 生命》时，教师在上课时可以介绍《钢铁是怎样炼成的》的内容，向学生讲解保尔投身革命事业所做的思考，这样可以让学生更好地理解生命的深层含义。再如《智取生辰纲》一课，教师可以有意识地介绍《水浒传》中的人物以及他们前后的变化，帮助学生理解文本，学生的兴趣也会很高。

二、读进教材

所谓读进教材，首先需要我们将自身带入文本中，倾注自己的情感去体会、理解文本，并从中总结和表达自己的观点与思想。例如，利用我们经常提到的阅读课，通过教师的范读来影响学生。课堂上真正的话语表达应是在体味文本的过程中真心的流露，而非机械地向学生转达他人之言，最好的课堂不是做出来的，是从教师心中自然流淌出来的。

其次，教师要透过文字读出文本背后的东西。记得有一位专家对《背影》那一课做过认真的分析，可以通过服饰来体会人物内心的变化。我们大多数教师还停留在浅析几次流泪、几次背影之时，这位专家却通过教材文本背后的内容得到深刻的理解，让学生能走进文本，体悟父子深情。这种深挖教材的做法提醒我们拿到一篇文章，也可以试着先不看资料，自己仔细读上三遍（包括书下的注解和文后的思考与练习），然后思考四个问题：一是文本应该写什么？二是文本究竟写了什么？三是作者为什么这样写？四是作者是怎样写的？等到这四个问题有了大致的答案后，再去查阅资料，看自己对文本的把握是否能够与编者产生共鸣，自己的解读与编者、专家的解读有多大的差异，怎样的解读才最符合作者的本意，怎样的解读最能让学生接受，然后再做出自己的选择。

三、读出教材

所谓的读出教材，一是从教材出发，进行进一步的拓展延伸。二是要有自己的见解，怎样解读学生更易于接受，怎样解读更能提高课堂效率。

有了以上的准备工作，我们的课堂就有了一定的深度与广度，作为一节语文课来说，这是未进入课堂时教师所做的准备工作。

那么，课堂上教师有哪些方法把学生深深引入文本呢？

课中，各种语文活动的设计。

课中活动，在某种意义上就是将教师在备课中的难点化为学生活动的操作过程，让学生走进文本，去研究、体会文本，提升对文本的感受力，如微型话题、课中讲座、多课连读、选点比段等。

例如，余映潮老师在讲《散步》时的设计中有一项是"品读课文，美点寻踪"，学生在朗读课文整体感知后进行这一环节，自主学习，进行美点寻踪：

美在文中对春景的生动描写。

美在"小家伙"的话表达出家庭的幸福、温馨。

美在生活细节中表达出深爱的感情。

美在结尾段的最后一句话。

妙在用生活的一个场景表现三代人之间深沉的爱。

妙在用几个细节的描写表现了故事的主体内容。

妙在文章主题的升华。

妙在文章的景物描写。

妙在文章句式的精妙。

妙在文中的对称句式。

当学生能从文中找到以上内容时，学生对文本已经掌握得很到位了，只需要教师做深度和广度的点拨，这篇文章怎么写的就已经解决了。

除此之外，还可以进行一些辅助性的活动，如课前演讲、一分钟辩论、每天三分钟背诵、每天摘抄积累、名句欣赏等，这种活动贵在坚持，坚持一学期或者一学年，一定对学生影响非常大。

课后，学生有效作业的设计。

（一）基础性作业

学生在课堂结束后可以自主选择作业。

（1）整理文章中未掌握的生字词，抄写两遍。

（2）从文章中自选 6 个词，连缀成一段话，要有故事情节。

（3）选择最感兴趣的一个语段，为它写一段赏析。

（4）背诵名篇。模仿着写几段，或扩写几段，或概括几段，或提炼几段，尽量让作业的形式多样化。

（二）生活化作业

语文作业的外延也等同于生活的外延。如果教师要求学生完成的作业仅限于对课本上知识的简单掌握，不仅会束缚学生的思维，也对学生的成长不利，这就相当于阻隔学生与生活的联系。因此，在设计作业时，教师尽量做到形式多样化，让作业架起语文学习和生活的沟通桥梁。在布置语文作业时，推荐以下几种方法。

1.关注生活细节

生活总是充满精彩，生活中充满了动人心弦的细节，如果不及时记录，这些细节很容易就会被遗忘，这就需要学生养成随时记录的习惯，即完成生活日记。

指导学生每天用几句话或几段话记录下自己的独特发现和细微感受，时间久了，学生就会发现这是一个资源极其丰富的宝库。生活日记中可以描绘画面，可以感叹生活，可以评点时事，可以驰骋想象。只要教师有心，让学生将感触记录下来，即使文字不够精巧，也是珍贵的。

2.关注生活中的仪式感

生活日记里除了记录琐碎的生活外，还可以把具有仪式感的节日活动和值得纪念的事情详细地记录下来，如旅游、节日庆典等。若干年后，再次翻阅这些文字，也许会感动不已。

例如，旅游是每个学生向往并记忆深刻的美好时光，教师可以鼓励学生把具有纪念意义的外出旅游及时记录下来。

一份精心设计的作业，不仅可以巩固语文课上所学的知识，还可以激发学生学习语文的兴趣，在作业中发扬自己的个性，启迪心智，拓宽思维。教师一定要做到有布置、有检查、有反馈，让学生将作业当成是展示自我的舞台，把完成作业当成是一种享受，如此语文课堂才会受学生欢迎。

作为一名教师，多研究课堂，多研究学生，就一定会让自己的课堂绽放不一样的光彩！

语文阅读教学现状分析

对于现在的教师而言，他们缺少的不是课程改革理念，而是将理念转化为行动的策略与方法。阅读对于学生学习语文的重要性不言而喻，那么目前的阅读教学存在哪些问题呢？

一、教师层面

（一）阅读教学内容单一化

虽然当前强调实行课堂改革，但教师的课堂教学仍关注考试，将考试看做是课堂的终极目标，课堂教学始终围绕考试内容规划设计，在课本内容的分析上花费的时间较多，而拓展阅读的资料较少。教师将多数精力花在解决课内试题上，将阅读的重要性置之度外。学生的课余时间大多用来做题，学过的诗词歌赋都已经成为过眼云烟，更谈不上运用。这种急功近利的方式，导致语文学习的结果就是程式化，教师更喜欢答案统一化，统一所谓的答题技巧，认为这样做就可以应付考试，教学成绩就能提高。学生面对如此单调的教学内容，无法找到阅读带给自己的快乐，对语文课没有了期待，而是为了做对题目。没有时间进行阅读，如何提高语文素养？这种舍本逐末的做法降低了学生的学习兴趣。

学生的自学能力是需要不断培养的。课本中出现的基础知识已经在显眼的位置，但是部分教师还是一遍遍地去重复和强调，这就会将学生的自主学习能力扼杀。简单的问题重复多次，有难度的问题却讲不透，会使学生对语文学习产生厌倦感。还有的教师总是面面俱到，课堂上讲的内容太多，让学生掌握的内容太多，忙得不亦乐乎，实际上没有很好地区分重点和难点。课堂上教师看似争分夺秒地讲，实际上学生却没有思考的机会，筋疲力尽，更谈不上提高课堂效率。

"书是读懂的，不是教师讲懂的。"由此可以看出，语文的学习重在学生的阅读，阅读是学生认识世界、传承文化的途径之一。显而易见，阅读是学习语文的根本和前提，课外阅读的质量与数量是学生之间拉开档次的原因之一。从目前的教学来看，许多教师不赞同学生阅读一些拓展的书籍，也舍不得拿出时间来让学生阅读，总觉得会耽误时间，不如做题见效快，而是推荐学生做各种的试卷，导致课堂与课外阅读脱节。

苏霍姆林斯基在《给教师的建议》中指出，教师最大的危险就是精神世界的空虚。教师的知识引领除了体现在对课本内容的讲解外，自身的阅读指导能力对学生的影响也是深远的。教师在阅读时要富有情感，以自身情感去获得对文章的领会和感悟，将自身带入情景中体会作者的主旨思想，真正地做到与作者的所思所想融为一体，这样才能有效帮助学生提高阅读能力，扩充知识面，从而丰富自我精神世界。

如果教师教学内容单一，时间长了学生就不愿意动脑，课堂上缺乏自己的思考，教师会得再多也无法转化为学生的能力。学生对语文的基本内容认识肤浅，没有走进文章的内部，所以在文章的情感、语言、写作上难以达到预期目标。没有丰厚的积累，就很难提高写作水平。

（二）阅读教学方法程式化

有的老教师普通话不标准，发音不到位，还会出现方言；板书不够规范，布置作业还停留在抄写生字层面；朗读课文匆忙结束，忙于分析文章内容。备课也只是对教参的简单搬运，缺少自己的理解。

而语文教材中的每一篇文章都是经过反复考究的，语言是带有韵味和温度的，学生可以通过多种形式的朗读来咀嚼其中的味道，从而体悟语言的魅力，领会文字背后所蕴含的深刻含义。教师的阅读量直接决定学生的阅读视野。

有的教师自己不阅读，也不向学生推荐。还有一种现象就是轻阅读重写作，练习中作文占的比例较大。我发现部分教师在作文课上大讲特讲作文的写作技巧，却忽略了读的指导。读是输入，写是输出，没有输入，谈何输出？阅读是写作的基础，阅读可以帮助学生认识自己，帮助学生积累素材，提升审美鉴赏的能力。

提到阅读教学指导方法，部分教师可能想得最多的就是"文学常识""重点字词及解释""段落层次分析""概括主旨""写作特点"等；有的教师还是单纯带领学生分析文章，或者将文章进行肢解式学习，在分析文章主旨的时候，没有正确引领学生走入文本内部去探究作者真正要表达的情感或线索，学生不可能感受到文字独特的魅力。还有的教师甚至在每个阶段都会将标准答案告诉学生，学生被动地接受知识，没有自己的深度思考。缺乏阅读探究和思维深度的引导，文章的语言韵味自然荡然无存。

"自主、合作、探究"的学习方式已经成为新型的学习方式，但是部分教师依旧忽略学生的主体地位，课堂教学存在过多的讲解、灌输，随着年级的增长，课堂气氛越来越沉闷，语文教学效果欠佳。这样的教学方法让学生对文本产生距离感，学生养成的习惯就是会记笔记但不会思考，更不会成为课堂的主人。

教师要注重多种文本的朗读方法，如精读、默读、略读等方式的运用。教师要根据不同的文章采取不同的朗读方法，篇幅较长的可以采用略读的方式，从整体上把握即可；对于经典的文章则可以采用精读的方式，让学生体会文章的内涵。例如，鲁教版七年级上册《邓稼先》属于篇幅较长的课文，教师可以利用标题的提示让学生进行整体感知，然后对描写邓稼先和奥本海默的经典部分进行精读，利用对比的手法理解邓稼先的高尚品质。

（三）阅读教学手段形式化

部分语文教师的素养和阅读情况不容乐观，在新课程改革实施的今天，语文教师的基本能力和基本素养面临诸多挑战。目前，每个教室都配备了多媒体。多媒体集声像、色彩于一体，可以对学生产生多种感官的冲击，以带有视觉、听觉吸引力的方式调动学生参与课堂的积极性。但是在教学实践中，也有少部分教师过度依赖多媒体的使用，过度追求课件的制作，却忽略了学生的认知体验，学生对文章的理解浮于表面，忽略了对文章内涵的学习。

在部分学校中，片段式、肢解式的语文教学现象仍然存在，重分析轻积累、重知识的传授轻知识的运用，严重影响了学生的语文学习。

（四）阅读教学评价手段简单化

实施课程改革后，有些学校不可避免地将学生的考试成绩看得过重，这势必影响教师对课堂的要求，落实到学生身上就是重分数、轻阅读，没有关注学生内驱力的培养，无法实现学生的价值，更不用说培养学生分析问题和解决问题的能力了。

学生的语文素养是通过长期学习和不断实践得来的。目前，仍有部分教师在课堂上用最简单的方式评价学生的课堂发言，教师在讲台上讲，学生在下面听，教师提问，学生回答。也有部分教师特别关注学生的考试成绩，却没有关注阅读的深度，仅仅关注对文本表层的分析。

教师对学生的评价要考虑学生见解是否独特、思考是否深入，否则会影响学生的价值观和人生观的形成，也不利于学习习惯的培养。

二、学生层面

（一）家庭因素

笔者所在的学校以农村孩子居多，他们有诸多优秀的品格，如勤劳、善良、诚恳，但是有些学生的内心比较封闭，不爱表达、自卑，缺乏自信。有一部分学生的家长不在身边，外出打工，他们和爷爷奶奶一起生活或者独自在家，家长对学生的在校表现不够关注。还有部分家长只注重学生的考试成绩，但对课外阅读的认识不足，认为课外读物是闲书。所以学生阅读习惯的养成成为一个大难题。

（二）学生自身因素

1.阅读存在功利性

目前，部分学生对阅读的认识有些偏颇，目光只盯在考试分数上。也有的学生在选择阅读书目时较为功利，主要选择与考试相关的阅读资料，与考试无关的就不看，更谈不上阅读的广度。不难看出，学生的阅读缺乏导向性，主要依据个人的爱好阅读，提升空间较小。

2.阅读时间少

语文学习中，对阅读能力的培养非常重要，学生的自主阅读只有达到一定数量和质量，才能增长知识、理解文章的内涵。学生只有通过不断积累，才能掌握解决问题的方法。随着年龄的增长，作业量也在增加，课业负担在加重，有的学生把分数看得比较重，阅读量日渐减少，更不用说完成教师推荐的拓展阅读。还有的学生被迫阅读，压力来自家长和教师，自己没有主动性。部分学校对语文学科的认识不够，认为语文多一节或少一节影响不大，干脆用其他学科挤占语文学科的学习时间。

3.课堂参与率较低

在教学实践中，教师要尊重学生的主体地位，激发学生学习的兴趣，使学生能够自信地学习，积极主动参与教学活动。但在有些课堂中，有些学生的表现却让人担忧，提问也浮于表面。

在语文阅读的教学中，如果学生没有真正参与到课堂学习中，其主体地位就得不到很好的发挥。其实学生参与课堂一个很重要的因素就是需要教师灵活处理教材，将自己所讲的内容与学生的生活紧密联系，这样不但可以提高学生参与课堂的意识，还能使课堂气氛活跃，提升课堂内容的丰富性和课堂提问的积极性。由此而知，教师应该在自己的课堂驾驭能力上进行反思，注意内容设计的新颖性，努力提高自己的专业素养。

让学生喜欢语文是每位语文教师的使命；语文教师在新一轮的课程改革中应不断提高专业素养，激发学生的学习热情，给学生创造一个自由快乐、充满诗意的语文学习环境，这也是改变语文阅读教学现状的途径之一。

语文阅读教学的课型研究

作为一名语文教师，要根据不同的教学类型来组织教学，这样才能做到有的放矢。根据我的实践研究，阅读教学可以创设三大课型：自主学习课，展示交流课，延伸拓展课。

一、自主学习课

语文魅力的传达途径之一是通过语言来进行的。教师要立足于文本，培养学生自主、合作、探究的学习方式，注重语文能力的训练。教师要重视朗读，在走近文字内涵的过程中熏陶学生、净化学生心灵。让学生真正走进文本、自主探究文本，涵养心灵，陶冶情操。

学生可以利用多种形式整体感知课文，要做到以下几点：①独立朗读课文，勾画重点字词并且疏通词义。②感知文章内容，概括文章主题。③在阅读的过程中，注意积累精彩的语句，并能将自己的体会整理到读书笔记本上或者批注在文章相关段落的旁边。④不懂的问题先自己记录，然后小组讨论，无法得出结论的再问老师。教师要给学生自主权，如整体感知内容的分析，重点习题的探究，让学生在学习语文的过程中能够主动参与、乐在其中。在自主学习课上，学生自主思考的时间要得到保障，培养学生在自己感兴趣或者有思考的地方做批注，在阅读的广度和深度上有所提高。学生应做到主动思考、集中精力思考，这样语文素养会提高更快。

培养中学生在自主学习课上形成良好的阅读习惯，怎样才能落实得更好呢？新学期开始，学生拿到新书后先速读文章，将自己认为精彩的词句进行摘抄，形式自定。学到本课时再布置预习作业，学生在预习的过程中将自己积累的词句进行批注，并将批注写到课本相应的位置上，这样能够更好地了解课本内容。学完本单元以后，学生可以利用多种渠道进行补充阅读，教师和组长定期或不定期检查，培养学生自主思考的习惯。由于学生普遍主动性较差，一开始可以采用"硬性"的规定，如对摘抄的数量和阅读的进度进行规定，并且将每天阅读的情况进行交流，慢慢学生就会由不自觉到自觉。经过长期的训练，学生逐渐养成阅读的习惯，并且能够自己进行积累。同时，要注意充分发挥学生阅读的自主性，使学生在阅读过程中发现美，理解美，创造美，并获得愉悦感。

二、展示交流课

根据不同的文体可以设计不同的展示角度。

（1）内容展示。展示的内容可以是自己勾画的重点语句，可以是对文章结构层面的分析，还可以是关键词句的赏析与展示，也可以是对文章的主要内容进行评价与赏析，或者根据同主题文章之间的共同点进行比较阅读。展示内容可以多样化，如名著导读、诗文背诵、配乐朗诵、课本剧展演等，展示人数可以一人或者多人。

（2）写法展示。在写作方法、技巧方面对自己阅读的文章进行归纳并展示。

（3）情感展示。从同主题的文章中任选自己感兴趣的一篇或者几篇，谈谈自己的认识、感悟等，语言要做到简洁、生动。

在展示的过程中，学生可以轻松、愉悦地投入活动中。因为学生对自己的阅读内容有极大的兴趣，所以自主展示的内容能够非常顺利地进行，认真倾听的学生也能与其互动。这样的展示活动，全班学生都能够自觉参与其中，从中得到提高。

教师在展示交流课上应加强对学生学习方法的指导，还原语文课堂应有的面貌，让学生主动发表自己的见解，丰富学生的语文学习体验。

学生的参与度较高，展示热情高涨，可以促使他们自觉进行自主探究、合作学习，自信心得到提高。教师要做一个善于观察的人，能够发现学生在学习中存在的问题，并且能够及时地指导。教师应当注重学生之间的合作交流，及时给予鼓励，并且给学生建设性的意见，使学生在展示过程中发表自己的观点。由于学生的水平不同，面对能力较弱的学生，要有耐心与细心，用欣赏、鼓励的眼光看待他们，引导他们主动思考，用独特的视角阐释自己的理解。

三、延伸拓展课

教师要通过多种渠道激发学生的阅读兴趣，提高阅读的质量与品位。教师根据同主题的文章进行课外推荐，或者学生自己找同主题的文章进行自主阅读，从不同的方面进行思考，将课文与推荐的文章进行比较，根据文章"写了什么""怎样写的""为什么这样写"的思路进行勾画、批注，写出自己的感悟。其重点是比较几篇文章的异同，可以从内容层面、写法层面、情感层面进行对比，也可以遵循"整体感知——理解主题——比较阅读"的思路。

如果把每一个单元的主题比做一间"屋"，入选教材的文章和推荐的文章就好比"屋"的"窗"。教师进行删减整合后，将课外阅读在课内完成，学生阅读的效率会更高，阅读方法的运用水平也会得到提高。这就需要教师精心备课，帮助学生形成系统的主题框架。课外阅读的资料要精心筛选，在阅读内容和方法上有代表性。教师只要有心，学生就会真正做到得法于课内，受益于课外。学生在积累中提高了语文素养，实现举一反三，对于所学的知识能够融会贯通。将主题阅读进行拓展，不仅能够拓宽学生的阅读视野，还能提高学生的写作水平。

每个职业都有专业化标准，教师也不例外。因此，教师要走专业化的道路，在课程实施方面有自主研发的意识，能根据学生的年龄特点与实际来研发课程资源。教师要在教学中渗透学语文、用语文的思想，通过活动来调动学生学习的积极性。

同时，教师自身要有阅读的深度与广度，在指导学生进行拓展阅读的同时，也要提升自己语文素养和语文性情。教师要尊重学生的个性化发展，阅读也同样能够体现个性化，教师可以针对学生的特点进行指导，使学生的阅读不仅能够紧扣文本阅读的特点，而且能够着眼于读写能力。教师要下功夫备课，精选内容，教材解读到位，同时不断反思提升自己，改变教学思路。还要考虑到学生的认知水平，形成对本主题教学内容全面、深刻的认识，走专业化的道路。

任何一种课型都有自己的特点，但不是完全统一。课型研究的目的和意义，在于发现其基本规律，这就需要教师认真对待教学，走出自己的道路，形成自己的特色和风格。

开展主题阅读教学之我见

随着课程改革的不断深入，对主题阅读教学也有许多新的探索，并取得了一定的成绩。下面笔者着重分享初中语文主题阅读教学的策略。

一、运用丰富的教学智慧，探究阅读主题

对比初中语文的学习和小学语文的学习，从内容上来看篇幅加长；从学习难度来看，不论是基础能力还是能力训练，都更关注抽象思维，因此知识的内化需要形象思维的介入。

好的文本是可以进行多元理解的，让学生从不同的层次与文本近距离接触，会有不同的收获。读书要注意多"咀嚼"，如果"囫囵吞枣"，终不知它的味道。语文学习的途径之一是精读，细细品味后才能品出文章的韵味。

教师要把解读教材作为自己的必修任务，感情的媒介是语言本身，文字是有情感和温度的。因此，教师在推荐主题阅读材料时，要理解文本、语境和情感，从实际出发，让学生有深刻的认识和思考。反思一些传统课堂教学，也存在着"包办"现象：编写导学案时总是很具体，总是怕学生敷衍了事，抓不住重点、难点，不敢放手让学生去梳理知识。不管是什么样的语文作业，教师总是亲自批改，总怕学生没时间互批自改，导致学生依赖性很强，本来自学就可以掌握的知识也不能自主学习，还需要反复练习。

备课是每位教师的基本功，注重对相关资料的了解，充分了解学情，注重班级之间的差异，在学生对文本解读的基础上，建构新的知识体系。教师要了解每个学段语文学习的重点和难点，还要弄清楚文章之间的关系、各主题之间的关系，发挥文本的教学价值。

教师要审视教材、研读教材。首先是细细品味文章的语言，要立足于单元整体去解读文本，进而将一篇篇文章置于整体之中，摆脱教材、教参的束

缚，发现文章独特的美，坚持文本细读。从整体入手，引领学生走进文章的内部，让学生从宏观上进行分析，咀嚼文本的深层含义。这是主题阅读的基本阅读方法。其次，对所教的内容进行重组，使学习内容更清晰、更有条理性。在平时的主题阅读教学中不断对文本进行品味、咀嚼，让学生在阅读的过程中发现同主题之间文本的联系与区别，让学生感受到主题阅读所独有的魅力。

例如，学习老舍的《济南的冬天》这样的美文时，可以先让学生朗读，并引导学生对自己故乡的冬天进行回忆，将学生引入文章的情境中，发挥想象力，将自己脑海中的冬天与作者笔下的冬天进行比较，了解作者是如何创作出这样的美文的，从而让学生、作者、文章之间形成共鸣，更好地体味作者写作的意图。再回扣本单元主题，从多篇文章中总结写景的写作技巧，从而熟练运用。

每篇阅读材料中都可提取出核心词语或语句，这也是阅读时的"枢纽"。这些"枢纽"可以帮助学生顺利理解文章的内容，是学生与作者之间情感碰撞的桥梁，也是文章所展现的情感脉络。教师在组织教学时，要发挥自己的教学智慧，唤起学生的情感体验，进而引导学生理解文本的主题。

例如，课文《背影》用了大量的动词来体现父爱，但对于未经历家庭败落、出门求学的学生来说，理解主题时缺乏深刻性。针对这种情况，教师可以运用多媒体将朱自清的人生经历介绍给学生或者给学生播放阎维文的歌曲《父亲》，不仅能渲染氛围，还能让学生产生联想，唤起学生的共鸣，进而理解作者的写作目的。再如，在学习课文《落叶》时，教师可以组织学生走出教室，感受真实的落叶，让学生在真实的情境中体会作者的写作主题和人生感悟。在学习《邹忌讽齐王纳谏》时，教师可以组织学生进行课本剧展演，在展演中体会文章内容，加深对文章主题的理解。教师在阅读活动中要发挥好主导的作用，引导学生发挥主体作用，鼓励学生进行个性化阅读。

二、拓展主题阅读外延，丰厚文化积淀

语文的特征之一是工具性，语文学习仅靠学习课文远远不够，而是要拓宽视野，各种书籍、报刊、影视作品等都可以是语文学习的材料。学生的语文素养是通过读书得来的，没有阅读的积累，学生的语文能力很难提高。由此可见，要给学生创设阅读的条件。

语文阅读教学的核心在"读"上，要重视对学生阅读方法的指导。所以，

在主题阅读教学中，教师要精选优秀的阅读材料，不断扩充阅读内容，并注意技巧的点拨。在学生阅读的过程中，教师要关注学生的阅读水平，指导学生在读中品、品中悟，使学生在阅读的过程中提高鉴赏能力，丰富人文底蕴。

主题阅读的教学策略在拓展时应注意其整体性、对比性、探究性。整体性即要求教师在组织教学时要有意识地体现"主题"，注重进行线索的梳理，在阅读结束时要有多角度阐释同一主题的意识。对比性即要求教师在组织教学时要有比较的意识，可以从主题、写作手法或者语言等方面选择一点或者几点进行比较。探究性即要求教师在组织教学时注意学生的阅读时长，教师要指导学生不断发现问题、提出疑问，逐步提高阅读的水平。

在引导学生阅读大量的材料后，教师需要在主题阅读教学的过程中对本主题的学习进行归纳整理，尽量做到"一主题一归纳一整理"。如"亲情"主题阅读教学中，让学生收集、探讨同主题的文章，感受不同的表达方式，先让学生在阅读的基础上进行展示，这是阅读内化的过程，对学生来讲也是一种收获。在课堂教学中，教师要尊重学生的主体地位，调动他们的学习热情，这样课堂教学效率会更高。

教师需要在阅读指导中设计学生参与阅读活动的内容，既可以激发学生的阅读兴趣，又可以实实在在地培养学生的发散思维。在语文主题阅读教学中，有些知识学生没有接触过，也很容易忘记，但又是重要的知识点。在这种情况下，教师就要运用多样的活动来激发学生的阅读兴趣，提高学生对作品内涵的理解，强化记忆。

课堂是师生共同的课堂。教师要遵循精读文本、多元思考、总结归纳的原则，注重以学生为中心，让学生在阅读中将自己的见解归纳提升，提高语文能力。这一教学模式的实施对于改变单篇教学的现状、让学生在较短时间内阅读同一主题的多篇文章有很多好处，能帮助学生建立完整的知识体系。教师也要反思自己的教学方式和教学行为，为学生的阅读指明方向。学生的水平参差不齐，教师一定要设定一个最低标准，以此作为学生的阅读能力培养的一个基本保障，对于那些达不到要求的学生，作为教师首先要引导其进行自主阅读，在关键的地方进行点拨与补充，同时在这个过程中教给学生如何从不同的文章中归纳、提炼出本单元中最主要的知识点，以及充分掌握提炼教学内容和有效问题的方法，让学生在教师的引导下变得会回答、会倾听、会评价、会总结。

例如，学习陈之藩的《失根的兰花》时，作者借"兰花"来表达心怀祖国之情，运用多种修辞来表达对家乡的思念。教师可以引导学生收集课外的、表达对祖国思念的文章，并且引导学生探究同是写祖国的文章，方法不一样，情感的抒发也不一样，帮助学生深入理解主题内涵。经过这样多角度、多层面的引导，再遇到类似的文章就会提高阅读效率，这就是拓展阅读带给学生的"钥匙"，有了这把"钥匙"，学生会受益终生。

　　高效课堂是学生学习和成长的共赢，是师生共同经历的生命历程。我们想要追求"当前成绩好、未来发展优"的"轻负高效"之路，还要在提升"教学智慧"和"教学艺术"上下功夫，而绝不仅仅停留在"技术"层面。

初中整本书阅读指导策略

整书阅读是相对于单篇文本而言的，即整本书阅读。在初中语文教学中，教师通过引导学生阅读整本书，不仅可拓展学生的视野，丰富学生的阅读体验，还可以帮助学生建构其对整本书阅读的经验，培养学生良好的阅读习惯，为学生今后的语文学习奠定基础。在初中语文整本书的阅读过程中，教师需立足学生主体这一基础，在方法上给予指导，让学生真正深入到文本解读的过程中。

一、鼓励自主阅读，读懂文本

在语文课堂教学中，推进整本书阅读，就是要充分发挥学生的自主性，引导学生在整本书阅读中应用课堂中所学的方法展开自主阅读活动。在该过程中，教师要鼓励学生自主探索整本书的阅读方法，逐渐形成具有个性的整本书阅读特色。在阅读中，学生可充分利用精读、略读和浏览的方法。在语文课堂中，教师要注重在方法上给予指导，引导学生将课堂中所学的方法应用到整本书阅读中，学会自主阅读整本书。例如，学习《从百草园到三味书屋》时，学生要学会分析景物的描写方法，知道记叙的顺序，在阅读鲁迅相关的作品时，要学会用这些方法去分析。

在自主阅读中，要鼓励学生灵活采用精读、略读和浏览的方法对整本书进行阅读，读懂文本。实践中发现，很多学生在整本书阅读时多是以浏览或略读的方式进行，很少精读。为此，教师要指导学生根据作品的内容、情节、人物等要素进行精读。在小说阅读中，对于故事情节可略读，对小说中人物和景物的刻画，则可精读。要在把握情节的基础上学会根据人物描写方法分析人物形象，不能单纯地略读却忽视了作品的关键内容。尤其是自己觉得意味深刻的句子、段落等，更要精读，甚至摘抄、记忆。

二、精选一部小说，通读全文

在小学阶段，学生接触的都是一些改编过的文学作品，甚至是节选作品，很多学生并没有真正阅读过整本书。一般来说，小说是学生最为喜欢的文学体裁，精选一部小说引导学生阅读，从小说中最感人的故事情节、人物、场景或语言等方面着手，在弄清情节的基础上，反复研读，深入探究，学会欣赏小说的语言美，梳理小说的人物关系，感受、欣赏、分析人物的形象特点，探究小说的主旨，分析小说的艺术价值。通过阅读一部小说，可让学生掌握记叙文等文体的阅读方法，同时帮助阅读其他类型的作品。

在引导学生阅读小说时，一是要让学生选择自己喜欢的小说。例如，有的学生选择了《鲁滨孙漂流记》，有的学生则选择《边城》，教师只需提供书目供学生选择。二是要先弄清小说的情节，学会自主概括情节。三是要根据自己的阅读情况，选择故事情节、人物、环境描写等方面展开精读。例如，选择《边城》的学生对翠翠这一人物较为喜欢，那么，就要在读的过程中分析翠翠的人物形象。四是读后要学会反思，如通过阅读知道写了什么，还存在什么疑惑，有哪些收获，又有哪些不足。如此，经过一段时间的训练，学生才会在阅读中不断进步，得到更大的提升。

三、尝试阅读学术著作，学会分析

在初中整本书阅读中，一些教师并不提倡让学生阅读学术著作，其实不然。学术著作针对性较强，不同的学生在语文学习中遇到的问题不同，引导学生根据自己的实际情况尝试阅读学术著作，不仅可让学生提高逻辑思维能力，还可以学到更多的知识和方法。例如，有的学生在写作时对修辞的应用并不是很熟练，甚至对修辞摸不着头脑，通过阅读王德春、李月松的《修辞学论文集》，学生不仅更好地认识了修辞手法，写作中也会逐渐应用修辞手法。

在引导学生尝试阅读学术著作时，一是要让学生学会通读全书，能根据自己的阅读情况进行必要的勾画，争取读懂全文。二是要让学生学会梳理著作的纲目，最好能写全书的内容提要，也可以在读后引导学生展开读书交流会，形成经验分享。三是学会分析著作的观点和价值取向。例如，有的学生喜欢读美国小说，于是选择阅读《美国小说本土化的多元因素》，读后会对美国小说会有新的认识。最后，阅读学术著作后，要对作品中的观点、语言特点等进行深入分析，学会自主研讨。例如，有的学生读了秦小孟的《美国女作家作品欣赏》后，对美国女作家的作品特点进行了归纳，这就是不错的尝试。当然，对于学术著作的阅读最好在初二下学期和初三上学期进行，这样学生有更多的时间进行阅读，效果也会更好。

四、学会阅读中找方法，深入研读

无论是小说、散文，还是学术著作、诗词等作品的阅读，在整本书的阅读中，要引导学生学会根据书的目录、序、注释等进行阅读，充分利用好作者简介、作品的创作背景、相关评价等对整本书进行阅读，尤其是针对自己所喜欢的内容、作品的主要观点等进行深入研读。例如，阅读《边城》之前，要了解作者，知道作者创作《边城》的经历，能在阅读中概括人物的形象，对《边城》的艺术特色进行简单分析。在深入研读中一定要抓住文本，紧扣文本对作品中的人物、景物、观点等进行批注、勾画、分析。

五、提倡个性化阅读，丰富体验

整本书阅读不能用太多的要求来束缚学生的思维，而是要提倡个性化阅读，要让学生在不断的阅读中得到丰富的体验。相同的作品，不同的学生因自身经历、经验的不同，所获得的体验也是不同的。引导学生进行整本书阅读，更多的是要让他们在阅读中获得丰富的体验，而不能以统一的标准去束缚他们的发展。也只有这样，学生才能在阅读中获得更多的愉悦感，喜欢上阅读。

提倡个性化阅读并不是漫无目的的阅读，而是在一定的要求下让学生学会自己去解读作品，获得个性化的体验。阅读整本书后，要注重引导学生写读后感、作品评价，然后互相交流，如针对"我最喜欢的人物形象"进行交流，丰富学生的认知。

实施整本书阅读是初中语文教学不可或缺的内容，在推进整本书阅读的过程中，教师要充分立足实际，以学生为主体，引导其掌握正确科学的方法，深入阅读，真正在阅读中有所收获，这样的阅读才会变得更加有效。推进整本书阅读，让学生在书海中徜徉，在文学的天空中翱翔，不断汲取知识的力量。

(此文章发表于 2020 年第 12 期的《语文天地》)

如何激发学生的写作兴趣

语文学科是培养学生听、说、读、写的能力，其中，写作是学生的语言输出，有利于学生思维逻辑能力的提高。如何激发学生的写作兴趣、提高学生的写作水平呢？笔者认为，可以从以下几个方面入手。

一、活动贯穿，有效引领

（1）课本剧。课本是学生学习语文最好的范本，有的文章很适合改编，但注意要保留其原意。改编课本剧使得学生不得不认真阅读文本，将自己的阅读感悟融入其中。在学生表演的过程中，教师要加以指导，可以加强对人物的心理、行动的刻画，使人物形象更加突出，情感更为丰富。经过一段时间的训练之后，学生的语言表达能力、展示能力会提高很多。《李尔王》《蚊子和狮子》《我的叔叔于勒》《屈原》等多篇文章，学生都自己改编成了课本剧，效果非常好。

课本剧的改编，不仅仅是文字的整合与输出，更重要的是为写作提供素材，学生在体验的基础上写出来的文章更具有真情实感。

（2）阅读展示课。学生在教师的指导下阅读各类文章或名著，教师可以每月进行阅读交流活动，学生将自己的阅读心得做成课件或者读书卡片等多种样式，和大家一起交流。在交流的过程中，学生可以自由提问，也可以交流读书心得，教师做出指导，提出建设性的意见，然后让学生结合自己的感悟形成文字，这样的写作既有自己的理解，又有教师的指导，这种作文是有生命力的。

（3）手抄报比赛。在阅读的过程中，教师要指导学生做批注，如在自己感兴趣的地方、有启发的地方、有独特见解的地方，进行摘抄积累或者写下自己的读后感。我们提倡学生针对自己读过的书制作手抄报，手抄报制作的过程也是思考的过程，并且十分直观，所以很受学生欢迎，极大地调动了学生写作的兴趣。笔者在教学的过程中，遇到与生活联系较为密切的主题，都会让学生做手抄报进行展评，如母爱主题、动物主题、战争主题等。当学生完成手抄报后，教师要进行总结和评价，让学生感受到教师的关注。

（4）朗诵会。例如，《海燕》一文慷慨激昂，非常适合朗诵。上这一课时，先让学生自己朗读，然后教师范读或者播放朗诵视频，让学生在心灵上产生强烈的共鸣。教师可以引导学生对文章进行品读，读出自己的情感体验，从而让学生在多种朗读形式中理解文章的写作手法和作者的写作目的。学完《雪》《雷电颂》《心田上的百合花》等几篇课文后，可以在班内举行"心之声"朗诵会，让学生走近文本，感悟文本。声情并茂的朗诵可以培养学生的节奏感和韵律感，感受文章的抑扬顿挫，让学生的多种感官同时参与其中，领会文章的精髓所在，进而化为自己的写作技巧。朗诵的过程也是学生和文本互相亲近的过程，在这一过程中能够积累大量的词汇，对于提高阅读、写作有很大的作用。

二、借助教材，发挥优势

部编版教材改版后，写作部分更能体现学生的心理发展特点，所写的内容贴近实际，并且设计了多样的彩图来激发学生的写作兴趣。例如，七年级的话题作文是"同学的肖像"或"我的偶像"，学生写作的内容与生活相契合，让学生有内容可以写，有情感可以表达，学生的写作兴趣就会得到提高。部编版教材中的"非文字形式"在视觉效果上丰富了写作内容，教师可以结合教材的插图来导入写作主题，如八年级下册写建筑物的文章，教材首先运用插图配文字的形式进行了具体论述。写建筑物的变革可以借助时间顺序，介绍其结构和布局可以借助空间顺序，介绍特点以及成因可以借鉴逻辑顺序。利用教材的插图来突破教学中的写作难点和重点，提高学生的写作兴趣和自信力，提高学生的注意力，让学生采用多样的形式进行写作，不断探索写作技巧，树立正确的语文学习理念，自主提高写作水平，实现阅读与写作的转化。

三、读写结合，培养习惯

部编版教材在编写的过程中，采用双线并行的理念，如读写结合，在读中写，在写中读，将人文素养和语文要素融合在一起，各个板块之间紧密联系，在学习课文的同时，也可以利用以写带读，促进写作知识的提高与迁移，让学生联系自身生活，实现写作能力的提高。

对于学生来讲，阅读是一个不断获取知识、积累写作素材的学习过程。当学生的知识积累到一定程度之后，就可以通过写作进行巩固以及深化。无论是课堂还是课外的写作，对学生来说都是需要长期坚持的，这样才能厚积薄发。而写作这一学习环节，是学生运用自己的阅读知识、开拓自我创新思维的一个学习过程，在学生阅读的过程中，教师可以指导学生学习名家的构思布局、语言特点，注重写作素材的积累，关注生活的层次和质感，只有将二者充分结合起来，学生才能得到全面的进步与发展。

四、立意创新，流露真情

目前，写作教学中出现的问题大多是由于缺乏对生活的体验与思考，主要体现在内容、语言和情感的模式化，套路作文较多。教师在阅卷过程中发现，有的学生为了博得阅卷老师的同情甚至捏造事实。实际上，写作活动本是内心真情实感的表达，也是一个能够锻炼学生创造力和提高听说读写能力的途径。

一篇优秀的文章，立意的高低和是否具有真情流露是判断标准。部编版七年级下册第二单元设立"学习抒情"的写作练习，对于学生来讲这类作文有点难度，教师可以借助生活情境来突破。一位教师利用学过的课文《猫》来引入，将自己亲眼看到的猫被车子碾压的情境讲给学生，要求学生看完后选取角度写一篇抒发情感的作文，如此学生的情感才会有所依托。

五、创设情境，激发思维

在作文教学中，教师要注重教学情境的创设，引导学生根据自己的生活体验，关注有意义的事情，从中提取写作素材，激发写作欲望，使学生由一开始的不愿意写作到喜欢写作，由凑字数到文从字顺，由模范写作到灵活创造。学生之所以无从下笔，不是因为没有东西可写，而是没有将生活的储备形成文字，没有将其转化成作文的素材。

例如，教师为"对我影响最大的亲人"主题设计了以下几个环节：首先写出自己亲人的名字，然后通过回忆与他们有关印象深刻的故事，将其形成文字。通过这样的体验，学生将自己的生活转化为感人的故事，进而变成写作内容，在这种情境的创设下，作文也有了力量。

学生没有相关体验的主题，写出来的文章就没有生命力。可以先指导学生利用思维导图、列提纲等方式规划写作内容，然后引导学生将生活中的体验写入作文。

部编版教材在写作任务的设置上，最大的变化是写作主题的多样化，一般的作文是命题作文、半命题作文或者话题作文，教师要根据提示，关注学生拟题的技巧和写作内容的多样化。同时，要开设写作内容的专题课，拓宽学生的写作空间，发展学生的创新思维，提高其写作水平。

阅读和写作是学生学好语文的"双翼"，教师要尽力去引导，利用多样的教学策略来激发学生的写作兴趣，挖掘学生的写作内容和情感，提高学生写作的主动性和积极性，促使学生写作水平的提高。

如何处理阅读与写作的关系

多年的教学经验告诉我们，阅读与写作密不可分，阅读可以让我们获得更多的知识和经验，写作需要我们的思考和记录，二者是互相促进的。在平时的语文教学中，如何做到阅读与写作的平衡，笔者结合自己的教学经验，谈以下几点认识。

一、立足课堂，吃透教材

有的语文教师把时间和精力都用在备课上，课堂上很少有时间带领学生阅读。从另一个角度来讲，学生的阅读面变得狭窄，每天面对的只有课本，没有时间来拓展阅读，长此以往，学生就会不喜欢学习语文。笔者认为，语文课不仅是传授知识，更重要的是注重语文学习方法的归纳与渗透。教师可以利用课堂来组织教学，让学生学会如何阅读，掌握表达的规律，可以根据学过的文章给学生布置随笔，让学生对文本有深入的认识。

例如，《最后一课》这篇课文与学生的日常生活距离较远，在讲解这篇文章时，教师可以让学生展开联想与想象，假如你是小弗朗士，在失去祖国时你会怎样做；放学时，你会怎样对待韩麦尔先生，想对他说些什么，以此来锻炼学生的品读能力。这样做既锻炼了学生的想象能力，又加深了学生对文本的理解力。

再如寓言《蚊子和狮子》，对于学生来讲比较简单，教师可以在课堂上表演课本剧。有了体验过程，再让学生进行写作，引导学生运用各种各样的描写手法，从不同角度提高学生对文本的感受力。

二、拓宽视野，丰富体验

如果学生的阅读面较窄，与社会接触较少，语言表达能力较差，那么写作能力也很难得到提高。因此，教师除了立足课堂，还要引导学生进行课外阅读。针对这种情况，教师每个学期都要尽量结合课本推荐的阅读书目进行有效指导，制订合理的阅读计划，引导学生进行课外阅读，这也是引导学生以另外一种形式的观察生活，体验生活，在阅读的过程中用日记随笔的形式写出自己的感悟与体会。这样，学生有了独特的阅读体验，表达就会更具真情实感。

课堂是学生学习知识的主渠道，课外阅读可以丰富学生的生活。例如，阅读《钢铁是怎样炼成的》时，教师要指导学生做好摘抄记录，并且针对自己有感悟之处进行批注。每天阅读完后写随笔作文，可以写自己的阅读收获，也可以写对人物的看法。在阅读结束后，还可以进行阅读展示，加深对作品的认识，在此基础上形成书评，这样的作文训练会让学生的思考更有深度。

三、阅读写作，齐头并进

现在的语文试卷考题越来越灵活，考察阅读能力时，很多学生往往不知所措。如果从表面进行分析，是学生阅读不够深入，实际上是学生的写作甚至是其语文核心素养有待提高。

阅读与写作密不可分，两者之间互相影响，互相促进，如果将阅读与写作分裂开来，显然是破坏了语文学习的整体性。如果将阅读仅仅局限在课本中，实际上是制约了学生写作水平的提高，从长远来看也制约了学生语文学习的发展。

目前，学生作文存在语言表达空洞、逻辑性不强、主旨挖掘不深的问题。事实上，作文所反映出来的问题，也体现了学生阅读的深度与广度的问题。因此，在平时的教学中要培养学生的阅读兴趣，给学生提供展示的机会，在不断地品评与推进中，加深学生对作品的思考，这样写出来的文章才更有深度。

四、阅读写作，相得益彰

从教十几年，根据自己的教学经验，我发现阅读落实得好，学生的写作水平就提高快，反之亦然，学生的作文水平一般停留在记流水账。实际上每一位教师都很清楚，写作好的学生，绝大多数都是爱阅读的孩子。

阅读需要激发兴趣，也需要各方面的积累，需要不断地练习和坚持。在现实教学中，一部分学生不愿意阅读，认为阅读没有益处。针对这种现象，我们要采取切实可行的措施，如一分钟演讲、手抄报、我是观察员、我是推荐员等活动，引导学生观察、积累、输出，给学生搭建展示的舞台，让学生能够有阅读的热情。学生的阅读能力提高了，学生写作的能力也会自然而然地提高。

例如，当多姿多彩的秋天翩然而至，班级内可以开展"品秋韵"阅读活动，在阅读的基础上进行"秋之韵"专题写作，阅读的作品可以进行多样化展示，以此来激发学生阅读写作的兴趣。每逢节假日，可以布置一份特别的作业——"多彩假日"，让学生用镜头和文字记录假日生活，制作图文并茂的电子书或幻灯片。学生对这样的实践性作业很有兴趣，提交的作品亦是精彩纷呈。

阅读与写作，是提高学生语文能力的基本素养。在平时的教学中如果能有意识地进行训练，就能够促进学生语文能力的提高。在阅读中有深度思考的学生，其写作主题、立意、谋篇布局都会有提高。教师在写作中指导学生学会斟词酌句，发挥语言的魅力，也能够提高学生的阅读水平。

作为语文教师，对学生的阅读与写作都不能放松，阅读兴趣能够让学生形成独特的写作风格，从而促进阅读能力的提高，有利于学生语文素养的提升。

浅析课外阅读对写作的重要性

语文学习需要长期的积累，对学生的影响也是潜移默化的。语文教学要注重阅读与写作，这也是学生学语文、用语文的体现。想要提高学生的写作水平，仅靠课堂这一渠道来提高是行不通的，还必须引导学生重视课外阅读。

课外阅读对学生有哪些好处呢？结合自己的教学实际，谈几点认识。

一、丰富知识，拓宽视野

一个人的阅读史就是一个人的成长史。因为学生在课外阅读的过程中会与作者产生共鸣，将读者的思想融入自己的情感世界。

阅读可以提高学生的认知能力。每个学生都是独特的个体，在教学的过程中除了师生共读以外，教师还可以根据学生的性格特点因材施教，如有的学生喜欢读莎士比亚，有的学生喜欢战争类题材的作品，那就鼓励学生进行专题阅读，增加学生的阅读量，发挥每个学生的主观能动性，在他们的兴趣范围内从语言、结构、主题等方面做一些阅读专题研究，然后进行专题写作，提高其品鉴能力。

二、陶冶情操，热爱生活

优秀的作品都是在某一方面能够打动人、震撼人的，能够启迪人的思想：《爱的教育》语言风格是朴实的，全书运用日记体来写孩子的生活，情感真挚，深受学生喜爱；《鲁滨孙漂流记》给读者带来一种精神上的鼓舞，在困难面前毫不退缩的精神和在绝境中求生的信念；《傅雷家书》体现了一位父亲对儿子的深沉的父爱……《读者》《青年文摘》中的各类文章也都可以作为学生的"精神食粮"。

学生的语文学习离不开阅读的支撑，阅读涉猎越广，学生的视野越宽。阅读能力提高的途径之一就是博览群书，课外阅读对于学生来讲能够增加知识储备，提高理论素养。

既然课外阅读在学生学习语文的过程中如此重要，那么我们应该怎样指导学生做好课外阅读呢？

1.做好课外阅读的推荐

学生的知识水平和阅历有限，教师在课外阅读中要做好领路人，首先，可以根据所学内容对学生进行推荐。例如，在学习《狼》这篇文章时，许多学生对狼有些偏见，仅仅认识到狼的凶狠、狡诈、狡猾。这时，教师可以给学生推荐《狼图腾》《母狼的智慧》，让学生全面了解狼。其次，推荐同作家的不同作品，如读完冰心的《纸船》，还可以推荐她的其他作品，丰富学生对作者的认识。再次，根据每个地区的风俗文化来进行拓展阅读，如各地春节的习俗不一样，可以让学生开展"别样的春节"主题阅读活动，实地考察或通过查阅资料来了解相关习俗，可以阅读有关春节的来历、习俗等方面的书籍，也可以将自己的发现制作成课件与同学一起分享，这样的课外阅读活动学生很喜欢，也能够展现学生多方面的能力。

2.做好课外阅读笔记的指导

适合初中低年级的阅读笔记，常见的有以下几种形式。

（1）批注式。遇到体现结构特点的重点句、精彩的描述、关键性的语句，或者自己有疑问的句子，可以让学生用不同的符号来标记，这就是批注阅读。批注阅读是一种传统的阅读方法，教师应指导学生在阅读时把自己的感悟思考写在空白处，如《童年》中"外祖父打外祖母""分家产打架""外祖父打阿廖沙"等经典细节，都可引导学生紧扣人物的语言、动作、神态等，分析人物形象，写下自己的感悟、思考和疑问。

（2）卡片式。对于自己认为在某个方面有特点的句子，可以摘抄汇总到卡片上，记好作者和文章名，如果有定期复习和背诵的习惯，将会受益无穷。

（3）心得式。读完一本书或者一篇文章，将自己的体会、收获、感想、疑问、评价等记录下来，形成自己的读后感，要做到有感而发，重点突出。

3.教给学生阅读的方法

在初中阶段，精读、略读、默读和浏览等几种方法都会经常用到。"有的书籍可以囫囵吞枣，很少的书必须细嚼慢咽。"对于优秀的作品，需要学生去精心品读，学习作者的布局谋篇、妙词佳句，将作品的精髓转化为自己的知识。

略读也是课外阅读的一种方法，指导学生略读时，可以先看这本书的序言和目录，了解这本书的基本结构，然后抓重点章节精读，非重点略读；然后要关注文章的标题，以及文章的关键段落和关键句子；再就是要学会浏览全文，概括要义。

4.学会阅读评价

指导学生进行阅读后，还要关注阅读评价。

（1）过程性评价与终结性评价相结合。

语文课程评价具有检查、诊断、反馈、激励、甄别和选拔等多种功能。教师应该将过程性评价与终结性评价相结合，而非一味地将成绩作为教学评价的全部取向。在对学生进行评价时，要注重其学习过程的体现，在阅读过程中发现的问题要及时调整，并且要注意改进，终结性评价关注学生的学习结果。二者的有效结合，可以改变只将学生最后的考试分数作为唯一评价的局面。

（2）自评与他评相结合。

学生的主体地位决定了在教学过程中教师要尊重学生，利用学生自评，让学生能够进行自我认识、自我发展以及自我管理。教师在注重学生自评的同时也要关注生生互评、教师和家长对学生的评价，多种评价方式一起进行，实现新课程改革中要求的自评和他评相结合的方式，克服应试教育中单凭分数决定成败的缺点。

教师要对评价结果充分利用，可以定期公示表扬，也可以发个小奖品鼓励，或者将优秀个人的照片张贴在教室、走廊的醒目位置，开班会时做经验交流，让学生的努力能够被认可，这种激励方式也能够提高学生阅读的积极性。

综上所述，当学生有了一定量的积累，教师就可以指导学生进行仿写、改写、续写、专题写作等。例如，学生在进行动物专题阅读后，可以以"我眼中的××（小动物）"为题进行写作，从保护动物、与动物的交往故事、动物之间的互动等角度进行写作，学生写出来的文章比在课堂上生搬硬造的文字要生动得多。再如，可以给学生推荐开放结局的文章，学生读完后，可以续写结尾。续写不仅仅是要求将故事的情节合理发展下去，还要写出新一轮的结局或高潮，考查的是学生对于原作者语言风格和行文思路的理解和模仿。学生读得多了，练得多了，续写的结尾也会让人刮目相看。

阅读大量的名著，也能够提高学生的语文能力，通过名著阅读可以拓宽学生的视野，提高阅读理解的能力，进而提高学生的读写能力。学生在教师的指导下，学习个性鲜明的人物的写法，如勇敢坚强的保尔，行侠豪放的宋江，恶毒的小人刘四爷等。让学生理解文中对人物形象的塑造有多样化的方式，认识到在对文中人物进行描写时，人物不能只有"大众脸"，不能简单地划分好与坏、美与丑、真与假，而是要指导学生联系自己的生活实际，从语言、外貌等多个描写人物的角度，来展现自己笔下的人物的特点，从而丰富人物的个性。同时，为了让自己笔下的人物具有独特的、与众不同的形象，应该特别注重自然朴实的语言和动作描写，这样塑造出来的人物形象更栩栩如生，也更加丰富、更有特色，更容易感染读者。阅读是写作的积淀，写作是阅读的外在能力体现，让学生做到阅读和写作相融合，才能够提高写作水平。

　　教师注重激发学生的阅读兴趣，对学生进行有效的方法指导，让学生养成良好的阅读习惯，让课外阅读成为学生积淀知识的平台，让学生在知识的海洋中徜徉，逐步提高写作能力。

情景教学在初中写作教学中的应用

在初中语文写作教学中，可以借助情景帮助学生感知写作素材，掌握写作方法，深化写作主题，完善文章结构与语言，不断提高学生的写作水平。

在初中写作教学中运用情景，不仅有助于激发学生的兴趣，还可以丰富学生的写作体验，为写作活动注入活力。

一、运用情景，引导学生感知素材

教师将情景运用到写作教学中，有助于创设良好的写作氛围，激发学生的写作热情，启迪学生的写作思路，提升写作教学效果。

运用活动情景，激发学生兴趣。在初中语文写作教学中，要注重结合主题和学生生活实际，选择学生感兴趣的活动来帮助学生收集素材，提高学生的写作兴趣。以七年级上册第五单元的教学重点"如何突出中心"为例，本单元学习了《猫》《狼》等课文，可以让学生围绕身边的动物展开写作。教学中以"我家的小动物"为话题引导学生进行交流，借助图片引导学生用一个词语来概括动物的特点，然后围绕该特点展开写作活动。如有学生想到牛，围绕"勤劳"这一特点展开交流。这样不仅可以丰富写作素材，也能够避免偏题。

运用任务情景，引导学生感知。在写作教学中，要充分运用好任务情景，引导学生去观察和体验，获得直观感知。如在八年级下册第五单元"学写游记"的写作活动中，可以提前安排学生在父母的陪同下游览当地的名胜古迹。课堂中结合学生的游览情况，借助课件呈现游览的地点与景物，引导学生结合游览过程采用移步换景的方式展开写作活动。这样，通过任务情景让学生亲身体验，获得写作素材，学生自然有话可写。进行写人或写景的作文训练时，可提前布置学生进行观察，使其获得鲜活感知，触发写作灵感。

运用话题情景，丰富写作素材。在写作训练中运用话题情景引导学生展开交流，实现信息共享，让学生在分享和交流中进一步丰富写作素材。以七年级上册第三单元"写人要抓住特点"的写作训练为例，结合学生所选写作对象，以"你认为他/她最大的特点是什么"为切入点展开交流活动。在交流中，虽然是观察同一个人，但有的人看到的是他的勤奋，有的人看到的是他的坚持，有的人看到的是他的乐观。通过交流，学生对所写对象有了更全面、深刻的感知，然后结合自己的认知，选择一个切入角度，围绕生活中、学习中发生的诸多小事，突出人物特点。

二、运用情景，帮助学生掌握方法

在初中语文写作中，应充分运用好情景，以情景来引导学生分析写作对象的特点，掌握探究活动，帮助学生掌握写作方法。

运用角色扮演，帮助学生抓住特点。在初中语文写作中，写人记事的作文偏多，但结合学生所写作文来看，文章没有突出主要特点，记事没有抓住线索，环境描写也多是一笔带过。为更好地帮助学生抓住人物或景物的特点，可采用角色扮演的方式，引导学生在观察和交流中更好地抓住写作对象的特点。例如，在七年级上册第三单元"写人要抓住特点"的写作训练中，学生所选择的写作对象是小学老师，为了让学生更好地抓住人物特点，先请学生介绍自己的小学老师，再请学生上台扮演小学老师。通过语言、动作等实现情景再现，增强学生对小学老师形象的把握。

运用问题情境，引导学生合作探究。问题可以帮助学生打开思维，促进学生主动思考。在初中语文写作中，提倡用问题情景来启发学生思考，要让学生主动参与到写作过程中，在讨论和交流中丰富学生的写作素材。以八年级下册第二单元"说明的顺序"写作训练为例，教师结合课文向学生介绍了时间顺序、空间顺序和逻辑顺序后，提出以下问题：①选择你最熟悉的一处景点作为说明对象。②你会选择介绍该景点的哪些特征？（提示：建筑布局、方位、各部分的特征）③你会选择哪一种说明顺序？（自主选择说明顺序）④如果要重点介绍这一景点的特点或文化价值，你又会怎样选择？

通过上述问题引导学生展开合作探究、讨论交流活动。在合作探究、讨论交流中，学生结合所选景物，按照一定的说明顺序展开介绍，结合课堂中的交流展开写作活动。通过探究、交流，学生初步掌握了说明顺序，结合交流的心得按照说明顺序展开写作，能更好地促进学生抓住说明对象的特点。

三、运用情景，促进学生深化主题

写作本身就是一个运用语言文字来表达自我认知的过程。教师应为学生创设情景，让学生在情景中体会真情实感，写出有思想、有温度、有生命的文字。在写作教学中，教师可以以生活情景为切入点，引导学生学会回顾和反思，这样有助于促进学生深化作文主题，写出高水平的文章。

走进生活，回顾反思。脱离生活是初中生作文中较常见的问题。写作并不是文字游戏，而是表达对生活的认知和理解。写人也好，记事也罢，更多的是要借助语言文字，将生活中的见闻和感受诉诸笔端，表达思想情感。在写作训练中，教师要引导学生回归生活，去审视和反思，看自己所写的人是否符合生活中的人物形象特点。当然，作文不是照搬生活，允许一定的艺术创作。运用生活情景引导学生反思，目的是让学生学会"回头看"，重新审视自己的作文。例如，对景物的描写，可以借助图片呈现所写之景物，引导学生对照所写作文进行分析，看是否较好地写出了景物的特点。同时，也可以引导学生结合自己所写的作文，在生活中去观察和回顾，学会修改作文。

情景再现，对比分析。情景再现的目的是让学生将所写作文和对象进行对比，从而发现自己的不足。以八年级下册第二单元"说明的顺序"写作训练为例，学生所选说明对象是本地的一处公园，按照空间顺序介绍了该公园的建筑布局、所处方位及园内主要景物，但没有较好地突出建筑的布局特点，也没有突出景物的主要特点。为此，修改时可以提前到公园录制视频，课堂上播放视频，引导学生将作文和视频进行对比，分析写作中的不足。情景再现的方式能够让学生较好地将所见之景或物与所写之景或物进行对照，查找写作中的不足，进而修改作文，提升写作水平。

借助对话，反思总结。在写作教学中，要善于结合学生的实际和教学需要，利用情景激发学生兴趣，在交流和讨论中丰富学生的写作素材，但也要注重结合文本引导学生进行反思和总结。在以往写作教学中，教师多是选择具有代表性的学生作品进行点评。虽然这种方式有利于学生找到自己作文中的不足，取长补短，但多数学生的提高不大。教学中可引导学生进行小组间的交互批阅，利用对话情景引导学生相互修改作文。通过交互批阅，学生会从不同的角度分析同伴的作文，发现优点，提出修改意见。这种交互批阅作文的方式对学生写作能力的提高具有积极的促进作用。

在写作课堂中，教师可以充分运用活动情景、问题情景等，让学生在情景中体验和参与，丰富学生的写作素材，使学生更好地掌握写作方法。写作完成后，教师要充分利用生活和文本，引导学生学会回顾和反思，不断总结提升，深化作文的主题，完善作文的结构与语言，不断提升学生的写作水平。

（此文章发表于 2023 年第 2 期的《中学语文》）

漫谈《战国策》的写作特色

在中学语文课本中有三篇文言文：《唐雎不辱使命》《触龙说赵太后》《邹忌讽齐王纳谏》节选自《战国策》，不管唐雎、触龙、邹忌身份的高低，单就他们给读者留下的劝说艺术就使人折服。下面以三篇文章为例浅析《战国策》的写作特色。

一、主要以语言和动作来刻画人物

《唐雎不辱使命》选自《战国策·魏策四》，唐雎是安陵国的一位大臣，秦国想攻打安陵，安陵君便派唐雎出使秦国。唐雎是代表自己的国家与秦王谈判，在文中采用的是直谏方式，秦王一上来就盛气凌人，以高位自居——想用五百里土地交换安陵。唐雎从容镇定，据理力争——安陵君从先王那里继承土地，即使千里土地也不交换。接着秦王以武力恐吓唐雎，唐雎"以专诸刺杀王僚也；聂政刺杀韩傀；要离刺杀庆忌"出现奇异现象来回击秦王。最终完成了使命，保住了安陵。该文不仅通过语言来刻画人物，也有动作描写，文末"秦王长跪道歉"就体现出了秦王对他的敬服。该文通过语言、动作的描写来体现人物的性格特点，唐雎的不畏强暴、英勇沉着，秦王的前倨后恭、色厉内荏都被刻画得栩栩如生。

《触龙说赵太后》选自《战国策·赵策四》。公元前 265 年，秦国趁赵国主权交接之机，想占领赵国的一部分领土，赵国迫不得已向齐国求助，齐国趁赵国之危要求赵国交出赵威后的小儿子长安君为人质才肯出兵救援，赵威后爱子心切，思虑再三依旧无法做出割舍，在此情况下触龙为国家大义，肩负起劝说赵太后的使命。触龙首先用生活中的小事来拉近与赵威后的距离，从"太后之色稍解"可以看出气氛的缓和。接着触龙向赵威后求情解决自己小儿子工作的事情，引出"老臣窃以为媪之爱燕后贤于长安君"。接着以燕后远嫁提出"爱子则为之计深远"，并使"子孙相继为王"的观点，赵太后在触龙逻辑缜密、义情相融的劝说下逐渐动摇，触龙把"爱子"与"爱国"统一起来，逐层深入，最后说服了赵威后。该文中也有对人物的动作描写，如"入而徐趋，至而自谢"，体现了触龙之用心。同样，该文也主要通过语言和动作描写来体现人物的性格特点，塑造了触龙爱国的形象。他既关注国家利益，又关心长安君的利益，同时赵威后顾全大局的统治者形象也给人深刻印象。该文将人物放在具体的矛盾冲突中去表现，所以能给人留下深刻的印象。

二、 善于运用讽喻

《邹忌讽齐王纳谏》首先写邹忌与徐公比美的生活小事，在妻、妾、客的赞扬中，他根据自己的判断得出远远不如徐公美。他认为每个人的地位不同，对自己的评价程度就不同，虽然都有恭维的成分，但能透过评价的语言来看本质，最后自己考虑向齐王进谏。他的劝说不同于其他策士，他以生活中的小事类比自己国家面临的问题，引发齐王的警醒，收到很好的效果。劝诫齐王不应一味偏信宫妃近臣对自己阿谀奉承的话，而应对天下之人广开大门，听取众生之言。

全文篇幅不长，但是给我们展现了邹忌与徐公比美、向齐威王纳谏两则故事，邹忌用设喻的方法讲道理，用一段生活中的小事向齐王阐释"纳谏"的重要性，寓意深刻。

三、语言明快，富于文采

《邹忌讽齐王纳谏》中邹忌在进行劝谏时运用了大量的排比句，如"臣之妻私臣，臣之妾畏臣，臣之客欲有求于臣""宫妇左右莫不私王，朝廷之臣莫不畏王，四境之内莫不有求于王"。由生活小事推到国家大事，富有文采。

再如《唐雎不辱使命》中唐雎列举了多种"士"之怒，利用排比的修辞手法，增强了说服力，也体现了人物的劝说艺术。

《战国策》再现了战国时期的历史，不仅是一部历史著作，亦是一篇篇优美生动的历史散文，是中国古代散文发展史上的又一新的突破。

浅析《醉翁亭记》中的"乐"

　　部编版语文教材中的经典篇目《醉翁亭记》的作者欧阳修继承和发展了韩愈的古文运动理论。其散文创作的成就在于融合古文理论，开启了新一代文风。全文共 400 余字，却展示了丰富的内容，多数人对本文的"醉"与"乐"有不同的理解，笔者也在此谈一下自己对文中"乐"的理解。

　　纵观本文，"乐"字共出现了十次（山水之乐，乐亦无穷也；宴酣之乐，游人去而禽鸟乐也；禽鸟知山林之乐；人之乐；从太守游而乐；太守之乐其乐；醉能同其乐）。绝大多数读者在品读时认为文中体现的"乐"就是山水之乐、游人之乐、太守之乐，这是从读者的角度去理解的。如果我们换一个角度，从作者的角度来看，文中的"乐"则可以划分为"醉翁之乐"和"太守之乐"。

　　首先来看醉翁之乐。在文章的首句就交代了滁地的优美景色：这里有长满树木、幽深秀丽的琅琊山，山涧中有酿泉，山上有醉翁亭，在这一片山清水秀之中，醉翁陶醉于这样的美景，并且说山水之乐是"得之心"的，可以看出作者对这里的倾心与爱慕。

　　文章第二段，作者用短短几句给我们描绘了一年四季与一天四时的景色变化，凝练的语言中渗透出作者对这里景色的喜爱。一年之景与一天四时之变的景物是客观存在的，但不是人人眼中都有风景，只有心中热爱这片土地、山水的人，才能真正享受其中的美趣。本段段末提到的早上出发，傍晚回家，心中快乐无穷，也是承接前文的山水乐趣，领会于心寄托于酒。从这个方面来讲，能欣赏四季不同景色的应该是醉心于滁州的醉翁之乐。

　　不管是"山水之乐"还是四时之景的变化之乐，这"乐"都是与自然山水有关的。在欧阳修的文章中，我们看到了一个景色宜人、四季如画的滁州。

其实，当时的滁州并不是多么令人向往，欧阳修曾经提到过，当时的滁州其实是落后之地，交通堵塞行路不便，鲜少与外界来往。但就是这样一个穷困落后的地方，作者却依旧能够寄情于山水之间，陶醉于美景之中，并从中得到心灵的慰藉。

读后深思，其实作者笔下的滁州是他的理想之地，来到这里，可以将贬谪的愁苦、失去孩子的痛苦先放下，将自己融入山水之间，获得心灵上的抚慰。我们再剖析此时的欧阳修，没有官府的公文、没有功利之心、也没有外界的世俗纷扰，仅仅是一个陶醉于自然山水的人。这种乐，是山水之乐，是醉翁之乐，也是欧阳修之乐。

而第二种"乐"与前者完全不同。大致可以分为：太守之乐、宴酣之乐、人之乐、禽鸟之乐。这几种乐是外显的，与欧阳修的本质思想联系较少。

第三段中提到的宴会的乐趣，不在于音乐，而在于大家的尽情欢乐。表面上看是大家其乐融融的温馨画面，其实这里的太守是独立于众宾之外的。

其实这里是反其意而用之，表面上看起来快乐的欧阳修，此时内心是孤独的。康定元年，他被召回京城，参与庆历新政；五年后，欧阳修被贬到滁州做太守，后来经历几次仕途沉浮，直到皇祐元年，才再次回朝。十年之间他经历了贬谪、回京、再贬谪的过程，可以想象他任滁州太守时的心境，看似风平浪静、心情愉悦的生活中，也包含着他难寻知己的孤寂。这种内心的孤独实际在后文的字里行间也有所体现，如"游人离开禽鸟欢乐""禽鸟欢乐却不懂百姓的快乐"。这里，禽鸟、游人和太守各自是孤独的。"醉能同其乐"从表面看好像是融入其中，其实内心是孤独的。热闹的表象下，一丝隐隐的忧和冷，含蓄地隐藏在文字中。我们也会发现，"禽鸟之乐""游人之乐""太守之乐"这三种"乐"其实很难放在一块，作者巧用移情手法，认为核心人物太守是欢乐的，那么他所看到的一切就是快乐的。

我们进一步来看，陶醉于山林的醉翁是否能理解游人的快乐呢？每个读者都会回答一定能，不难发现太守与文中的醉翁是一个人，但又略有不同。

从文章的第三段开始，作者便自称为"太守"，"太守"称呼也逐渐增加，与民同乐的太守呼之欲出。到了文末，作者都没有重复使用"醉翁"这个称呼。

作者像是一个旁观者，他的心境也随之而变。作为"醉翁"的欧阳修是属于自己的，作为"太守"的欧阳修是属于滁州的百姓和朝廷的，"醉翁"

的乐是陶醉山水，而"太守"的乐是一心为民。

深层思考，作者还是愿意与民同乐。他曾在《丰乐亭》中提到与民同乐是刺史之事，这种认知的转变与欧阳修自己心态的转变有关。景祐三年，欧阳修被贬到夷陵做县令，就曾经劝慰同样遭遇贬谪的余靖，要坦然面对贬谪，要勇于面对逆境，做到坚守本心。可见，在欧阳修看来，身处任何环境都要做到淡然处之，不因为外界的变化而变化。

《从百草园到三味书屋》 主题探析

　　《从百草园到三味书屋》是一篇回忆性散文，在《朝花夕拾》中属于文笔优美、抒情性较强的文章，也是初中语文教材的经典篇目。

　　关于这篇散文的主题，仁者见仁，智者见智。教学用书提到几种观点：一是以李何林为代表的观点，侧重对封建教育制度的批判；一是以张硕城为代表的观点，否定封建教育制度。另外还有观点认为将百草园的自由和三味书屋的枯燥形成对比。

　　当我们静下心来细细品读此作品时，就会有诸多发现。《从百草园到三味书屋》是以一个儿童的视角来叙述所见、所闻、所感，通过回忆自己的童年生活来展现儿童丰富的内心世界。从题目来看，是两种不同的生活状态，也是每个孩子成长的不同阶段。

　　文章的第二自然段是写景的经典片段。作者用了一个句式："不必说……也不必说……单是就有"将百草园的生活写得丰富多彩。先是静态描写：菜畦、石井栏、皂荚树、桑葚等体现百草园的景物之多，色彩之美。接着是动态描写：油蛉、蟋蟀、蜈蚣、斑蝥，还有何首乌等，看似一些平常的小生灵，在作者的眼里却充满生机。还有对于何首乌根的描写，可以想象在拔何首乌的过程中，自己弄脏了衣服，满手满脚都是泥，但是玩得不亦乐乎。

　　这里不仅景美，还有朴实的人为伴——长妈妈。长妈妈曾给"我"讲过一个"美女蛇"的故事，让"我"感到做人之险，甚至在乘凉之时也不敢去看墙。

　　即使在无聊的冬季，百草园也是别有一番趣味。作者运用一系列的动词将捕鸟写得绘声绘色。闰土的父亲教自己捕捉鸟雀，给无聊的冬季增添色彩。在百草园里，自己的身心得到释放，心灵得到舒展。

外在景物的优美神奇，人与自然和谐共处的情境感染着鲁迅，让他忘不了朴素却趣味盎然的百草园。

从百草园到三味书屋中间的过渡段，运用多个"也许"，可以看出童年的鲁迅不仅有活泼、可爱，聪明、伶俐的一面，也有调皮淘气、贪玩的一面。

三味书屋的植物虽比不上百草园的多样，但仍不乏乐趣，三味书屋后面的小花园对鲁迅来讲乐趣无穷，折蜡梅花，寻找蝉蜕，捉了苍蝇喂蚂蚁，只不过不能玩"太多、太久"罢了。

鲁迅在三味书屋的学习也是很努力的，刚到三味书屋时，他的桌子靠近后花园的门，里面的花草对于贪玩的学生来说求之不得。鲁迅却说因为有风不适合学习而调到北边墙下。后来因为家庭的事情受到先生的责备，他便用小刀在桌上刻下了一个"早"字，以激励自己发奋学习。可以说三味书屋为鲁迅的成长奠定了基础，他后来取得的成绩与寿镜吾老先生密不可分。

寿镜吾老先生其实生活中很热心，十分乐于助人。有一次，医生给鲁迅父亲开出了难以找到的陈仓米做"药引"，先生听说后千方百计寻到陈仓米并亲自背到鲁迅家里，鲁迅深受感动。鲁迅对他非常尊敬，在三味书屋部分用"本城中极方正，质朴，博学"来介绍先生。鲁迅在文中对寿镜吾先生也是肯定的，称之为"宿儒"，在文章中还用极形象、亲和的笔墨再现了先生读书的情态，当孩子们的声音低下去时候，只有寿先生沉浸其中，足见他的作风、学识和为人。

鲁迅对寿镜吾先生一直怀有深深的敬意，即使离开三味书屋后也一直保持来往。在南京求学、日本留学期间每次放假回绍兴，鲁迅都去探望他。后来在绍兴任教、北京工作期间，鲁迅与寿镜吾先生一直保持联系，现在绍兴的鲁迅纪念馆里，还陈列着寿镜吾先生致鲁迅的信函。

所以，文章对三味书屋的描写，呈现的是书写百草园时的心态，是在描摹人生路上的又一个支点。

一篇文章的诞生离不开当时的写作背景。这篇文章是鲁迅在厦门时所作，当时的社会状况令他担忧，他一个人住在厦门，面对大海，翻阅书籍，心里空落落的。为了在诸多纷扰中寻找一点心灵的栖息地，鲁迅只能靠过去的美好回忆来慰藉心灵。

46 岁的鲁迅，经历了人间的沧桑，饱尝人间的冷暖和世态炎凉之后，以抒情笔调诉说着童年往事，有深刻的含义。《从百草园到三味书屋》中的主题一改其从前对封建教育制度犀利的批判风格，而是在经历大起大落后，对以往童年生活的回忆以及万千感慨。

论叶圣陶的品格

——以《叶圣陶先生二三事》为例

　　叶圣陶先生是中国现代知名作家、教育家、文学出版家和社会活动家，在文学、教育、语文等方面均有建树。张中行先生作为"燕园三老"之一，其所作的《叶圣陶先生二三事》是对叶圣陶先生高尚品格的赞扬，也是对叶圣陶先生品格由己及人的渗透。

　　叶圣陶是我国当代著名作家，有"优秀的语言艺术家"之称。同时，他还是著名的教育家，提出了许多广为人知的教育理论，很多沿用至今。叶圣陶幼时受旧私塾启蒙，曾参加过科举。1907年，13岁的他考入草桥中学，转入新式学堂。1912年，18岁的他中学毕业后进入小学任教，为之后教育改革、编写教材奠定基础。1919年，25岁的叶圣陶加入北京新潮社，开始用白话文创作小说、诗歌和话剧等。其代表作有《潘先生在难中》《倪焕之》等，他用含蓄冷峻的笔触揭露黑暗现实。叶圣陶还是我国童话创作第一人，童话作品有《稻草人》《古代英雄的石像》等。中华人民共和国成立后，叶圣陶曾任教育部副部长，长期从事语文教学工作，我国中小学语文教学体系最初由他主持设计，他的许多教育理念沿用至今，令几代人受益匪浅。

　　1988年2月16日，叶圣陶先生在北京逝世，文学界与教育界的许多人纷纷以自己的方式悼念他。其中，张中行先生在《叶圣陶先生二三事》中回忆了其与叶圣陶先生交往中令他记忆深刻的几件小事，体现了叶圣陶先生严谨自律、待人宽厚的大家风范。

一、由内而外："儒"渗透工作与生活细微处

　　在《叶圣陶先生二三事》中，张中行先生称叶圣陶先生从思想到行为均是"单一的儒"。其实，并非只有张中行先生对叶圣陶先生有此评价，著名诗人臧克家也曾说过"温、良、恭、俭、让，这五个大字是做人的一种美德，

我觉得叶老先生身上兼而有之。"

叶圣陶先生品格中的"温"应该是最容易被人发现的。文中，"我"在初识叶先生时，对比其他文化名人如鲁迅、郁达夫等，认为他就是"平实规矩而已"。在随后的交往中，张先生对叶先生的"温"体会得更加深刻。叶先生不擅长普通话，便请张先生帮他修润文章，并叮嘱张先生把不妥之处直接修改，之后他认为改得不合适的一定要亲自来问张先生的意见。叶先生于张先生是长辈，是师长，本不必如此郑重地跟他商量，在大多数人看来，叶先生这样做有点自找麻烦，但对于从小深受儒家思想熏陶的叶先生来说，谦虚、不摆前辈的架子是他一直以来的行为准则，改动别人的文字须求得本人同意是刻在骨子里的修养。

叶圣陶先生不仅在生活上有君子之风，在工作中同样秉持君子之道。文中叶圣陶先生关于好文章的判断标准，至今仍时常被引用。"写完，可以自己试念试听，看像话不像话，不像话，坚决改。"他不仅对自己是这样要求的，还明确提出了"写话"的主张，说服与倡导大家写作时使用"简明而有条理的口头话"。

二、由己及人：一举一动影响身边人

《叶圣陶先生二三事》中提到叶圣陶先生的待人深厚，先是说了吕叔湘的经历，这也是一件小事：吕先生某次去叶先生屋里时发现叶先生在"描他的一篇文章的标点"。从此，吕先生开始注重文字标点，不敢再草率了事。其中的"描"字表现出叶先生的认真与严谨，那时的叶先生年纪在 60 岁左右，又是由私塾教育启蒙，写标点对他来说并非易事。从叶先生对标点十分重视的态度上，吕先生认识到自己之前的态度过于草率，从此开始注重标点的使用。叶先生发现吕先生在文章标点上稍有欠缺，并不言语，只是自己在屋里"描"标点，叶先生的温和厚道与待人深厚可见一斑。

文中还提到了其他细节，诸如与五湖四海的人交谈说南腔北调，送客人送到大门外鞠躬说谢谢等，在此不再一一细数。曹治雄在《道德文章一代师表——缅怀叶圣陶老人二三事》一文中提到，某次学校请叶圣陶先生去讲课，接人时车子出现故障，到叶先生家时晚了二三十分钟，被派去接人的曹治雄慌忙道歉解释，叶先生却十分平静。上课时，叶先生怕学生听不懂自己的方言，把关键词随时写在黑板上帮助大家理解，这一举动后来形成了惯例。这本是一件小事，却让曹治雄记得多年，可见对他的影响着实不小。

与叶圣陶先生交往的众人之中，像吕叔湘、张中行及曹治雄这样被叶先生品行所感，自觉跟随他的高品格行事的人应该还有许许多多。正是有叶圣陶先生这样的灵魂人物，以自身人格魅力带动身边人，为普通话推广和教育发展打下了基础，才使今天的教育事业蓬勃发展。

三、由圈至世：推行理念方便世人

身处新旧交替的时代，叶圣陶先生从来不悲观畏难：中华人民共和国成立前他满怀希望地用文学创作揭露黑暗警醒世人；中华人民共和国成立后他脚踏实地规范和推广现代汉语，研究教育改革问题。

（一）规范现代汉语

叶圣陶先生重视语文，以身作则，对用语的研究精益求精，注重每一个标点符号和抄稿格式，从不放过一个细节。张先生在文中举了课本中"叫做"与"叫作"分工不明被叶先生发现，并商讨拟定统一标准的例子。

实际上，中华人民共和国成立后很多用语缺乏统一标准，曾出现各种乱用字、混用字的现象，叶圣陶先生发现这一问题后一直致力于规范现代汉语的词汇、语法修辞、标点的使用，进一步规范了简化字的使用并去除了异体汉字。

（二）研究教育改革

叶圣陶先生长期从事教育事业，他认为中国教育改革的核心在于教育本质的改变与革新。他提出教是为了不教，要重视培养学生自觉学习的习惯。学校教育不是为了培养少数优胜的"贵族"，而是将学生都培养成健全的"普通公民"。他是这么说的，也是这么做的。

叶圣陶先生的儿子叶至善小学时因成绩不佳留级三次，中学时四门功课不及格又要留级。面对不及格的成绩单，叶圣陶先生先是考察了儿子的学科能力，发现并无问题，成绩不好仅因死记硬背的内容太多，他劝儿子："不要哭，也不要思想上背包袱，还是再换个学校吧。"长大后的叶至善成为一名优秀的编辑，并著有《我是编辑》一书。他的好友朱正认为他是"一位传统的知识分子"，这其实是对叶圣陶先生教育方式的认可。

正如《叶圣陶先生二三事》所说，叶先生"业绩多，成就大"，他的待人宽厚与严谨自律感动与鼓舞了身边人。

（此文章发表于 2021 年第 7 期的《中学语文教学参考》）

《皇帝的新装》隐含的人性弱点

对于《皇帝的新装》的主题挖掘，笔者认为除了教参中提到的封建统治者愚蠢无知、虚荣腐败以外，还体现了人性中的弱点。

一、统治阶层人性的弱点

文章的一开始就用夸张的手法来体现皇帝有喜爱新装的癖好，让读者对这位皇帝印象深刻。文中第一段运用"每一天""每一点"等词来写皇帝换衣服之频繁，为后文写皇帝有喜爱新装的癖好奠定基础，这才有了骗子的得逞。在课文中还有对"新装"特性的介绍，让读者对新装充满好奇感。作为皇帝，新装正好满足他的私心，能辨别哪些是聪明人，哪些是傻子。从这一心理可以看出皇帝是想靠这件衣服来管理他人，从而拥有最高的权威，不必付出努力就能看透所有人。

对于这件"新装"的特性，其实皇帝心里是忐忑不安的。他想了解衣服的制作进程，先派诚实的老大臣去看。结果老大臣经过"洗脑"后不停夸赞"新装""美极了"！但皇帝听了老大臣的赞誉后还是不放心。

一段时间以后，皇帝又派自己认为诚实的官员再去探个究竟，结果诚实的官员同样对"新装"一番夸赞。

其实，皇帝心里还在打鼓，到底是不是真的有这种奇特的衣服，他害怕自己丢面子，又选了一群随从跟随他继续去看"新装"，其中也包括原来的两位大臣。

结果到了织布机前，皇帝傻眼了——"什么也没看见"，可以想象此刻的皇帝惊慌失色，他开始怀疑自己。在众人面前没有看到新装是多么丢人的事情，自己可是万人之上的皇帝啊。碍于面子，他只能故作镇定，为了自己的尊严也只好违心地说"十分满意"。不仅如此，皇帝还给骗子封头衔、授予勋章，皇帝成为这场骗局中最具执行力和影响力的施骗者，同时也是这场闹剧的受害者。

在众人的推荐、附和声中，皇帝要穿这件新装去参加游行大典。在外人看来是一件多么荒唐的事情，但对于被"美丽的谎言"蒙蔽双眼的皇帝来讲又是很顺理成章的事情。等到皇帝脱下自己的所有衣服，两个骗子装模作样地给他穿上新衣时，皇帝还忍不住在镜子前欣赏自己。滑稽动作惹人发笑，在场的人随声附和，夸赞的声音此起彼伏。

游行时，众人都在说"新装真是漂亮！""多么美丽！"皇帝此刻估计已经心花怒放。就在这时，一个不和谐的声音传出——"他没穿什么衣服呀！"而后大家也开始说同样的话。皇帝此刻有点发抖，他很明白这是真相，但是他能怎么做呢？继续前行还是揭露真相？面对说真话的儿童和群众，他依旧不慌不忙，即使已经崩溃，却依旧显出一副骄傲的神情，此刻的"新装"已经成为众人皆知的笑话。这不禁让所有的读者都感到可笑，但最可笑的也正是最令人感到可悲的，当皇帝自己的内心偏离真相之时，其做人的底线也丢失了，皇帝的新装游行终在一场闹剧中收尾。

正如孙绍振在《解读语文》中所说，人的心理是复杂多样的组合体，其内心和行为不一定表现一致。作为皇帝，他也有自己致命的弱点，那就是爱慕虚荣、虚伪，怕丢了面子。

二、中层人物人性中的弱点

在《皇帝的新装》中，不仅有让人觉得可笑的皇帝，还有让我们难以置信的帮凶——诚实的老大臣，忠实的官员和随从。

第一次皇帝派出的是"诚实的老大臣"。他十分"诚实"，可是在面对"新装"的考验时，却出现了令人尴尬的一幕。明明什么也没看见，但是老大臣却不敢把真话说出来，如果说出来，那就是承认自己愚蠢或不称职。在内心的纠结中，这位老大臣开始对自己表示怀疑、否定。为了防止别人认为他不称职，老大臣选择屈从于骗子。

在骗子的推波助澜下，诚实的老大臣选择了盛赞"新装"——"多么美的花纹！"皇帝为什么派他去呢？因为老大臣在皇帝心中还是值得信赖的。"谁也不及他称职"，他可是皇帝心中最信任的人，也受到大家的尊重。

可是事与愿违，"诚实的老大臣"在"新装"面前选择了违背自己的内心，不仅在言语上的作假，还帮助骗子得到更多的钱财。他成为这个骗局的第一位助推者。

皇帝为了验证其真实性，选择再派"一位诚实的官员"去查看"新装"的进度，但眼前所见令他惊讶不已，织布机上什么也没有，他什么东西也没看见。

这位"诚实的官员"为了证明自己，也赞美"新装"的美丽，他变成了这场骗局的第二位助推者。

还有和皇帝一起去看"新装"的随从，他们看到的结果仍旧和前两位一样，却依旧说"美丽极了"。可以想象，这是多么可悲的场面，从上到下都在自欺欺人。"精致""无双"，每个人都随声附和着，成为闹剧的助推者。

庆典如期举行，骑士、内臣也加入这场闹剧中，各自选择违背内心，成为骗子的帮凶。

三、下层人物人性中的弱点

庆典是举国欢庆的日子，面对皇帝穿"新装"游行，围观群众一开始也发出赞赏，认为衣服"合身""美丽"等，他们也担心一旦说出真话会被人看作是愚蠢之人，在众人面前丢面子。

在利益面前迷失自我，体现了人们的虚荣心理和从众心理，害怕被别人认为是傻瓜。

骗子在这场骗局中不仅得到了财物，还让人们丧失了做人的底线，上演了一场自欺欺人的闹剧。

童话最大的特点就是夸张和想象。这个故事没有交代国家和发生的时间，所有的人物也没有名字，很显然它具有它一定的社会性和普遍性。骗子成为透视人性的"镜子"。

文中最能经受"新装"考验的是一个孩子，他坚守自我，第一个说出真话。对于孩子父亲，我们要用赞许的眼光来看待，他没有粗暴地否定孩子，而是对孩子的诚实勇敢表示肯定。

诚实守信是一个人的立足之本。对于每一个社会人来讲，讲真话是一种责任，也是诚信的表现。

当今社会，类似的闹剧时有发生。为了避免重蹈覆辙，我们要做好自己，坚守内心，走好自己的人生路。

如何做一名智慧型教师

有幸聆听报告"走向智慧的教育",我对教师发展和课堂教学有了新的见解,那么如何做一名智慧型教师呢?

一、一位智慧型教师首先要懂得爱学生

报告中有这样一段话:"自己在校的工作很忙,下午放学还忙不完,还要加班加点,自己真正做到了爱学生,问心无愧,说起来可能真是兢兢业业,可我们问一下自己的学生,我们爱学生,学生爱我们吗?"其实这句话也道出了广大教师的心声,我们扪心自问,在多数学生的心目中,教师就是知识的传授者,无法走进学生内心,师生之间有距离感,尤其是犯错时,多数学生对教师都有畏惧心理。学生希望建立一种新型师生关系,互相学习,互相尊重,互相理解,互相成就。

在整个教学过程中,每个学生都是独立的个体,都有自己独立的思维。教师首先要尊重学生,尊重学生的人格,正视学生之间的差异。如果教师连尊重学生都做不到,那就谈不上成功的教学。班级中学习优秀的学生,每个教师都喜欢,但如果教师对后进生没有耐心,仅是一味地批评,只会增加师生之间的距离感,也会让学生感到不信任,这样的师生关系只能使课堂氛围变得更紧张,学生在课堂中也放不开。在日常教学中,教师如果能够关心每一位学生,帮助他们积极参与课堂,整个班级的水平就会提高。

所以,教师在平时教学中要关注每个阶段的学生,找到每个学生身上的优点,让每个学生都能充满自信,积极地参与到学习中,获得成长。

二、一位智慧型的教师要不断学习,提高自己

随着新课程的逐层深入,学习不仅仅是学生的任务,也是教师的任务。教师首先需要不断学习,在学习中丰盈自己,提高自己。"教师要注重学习,

当今是学习的时代，我们要把学习当作自己分内的事情，我们要树立终身学习的观念。"这是一位老教师在退休时给新教师的经验之谈。教师之间的差距就在于业余时间的利用，有的教师利用业余时间学习，有的教师则在虚度光阴。读书和学习是相辅相成的，这也是教师的基本素养。

作为一名教师，首先要完善自己所任教学科的知识体系，才能在课堂上帮助学生更好地学习知识，使学生在课堂上有所提升。但同时也要把学习当作自己的日常工作，不断扩充学科以外的知识，才能够达到学以致用、兼容并蓄的效果。教师在教学过程中的一项重要任务便是提高学生的语文素养，我认为学生的语文素养很大程度上取决于教师的素养。教师只有以身作则，为学生树立起榜样，学生才能在潜移默化的影响下全方位提高个人素养；而教师的素养正是来源于平日里的学习积累，有了积累才有课堂上的输出，才能让学生佩服。

三、一位智慧型的教师要具备教育科研的能力

如果在日常教学中只是照本宣科，这样的教师不会受到学生的欢迎。目前，每个教师除了日常的教学之外，还要有科研的能力。教师要不断探索教育规律，运用知识武装自己，按照发展规律来培养学生，让自己逐渐成为"科研型"教师。例如，作为一名教师，如果自己喜欢写作，并且经常和学生一起写作，那么学生也会喜欢写作。反之，有些教师只是让学生写，对于学生的写作仅仅是公式化的评价，这样的写作指导没有针对性，缺乏层次。学习是互相提高的，成就自己的同时也成就了学生。

其实，教师平时的工作也具有科研的性质，教师要认真钻研教材，理顺文章结构，了解学生的学情，不断研究学生，研究规律、方法，提高学生的课堂效率。教师如果在日常教学中重注提炼教学方法，形成自己的特色与风格，就会逐渐走向"科研型"教师的方向。

四、一位智慧型的教师要把教学当作幸福、快乐的源泉

有一个实验，让在场的教师认为每天进校门时很幸福的举手，在场教师120人左右，大约40名教师举手。我想，那些举手的教师可能换了一种心态看生活，与其改变环境，不如改变自己。我们有时对学生的要求过高，学生稍微达不到自己的要求就无法接受。从参加工作的那一刻起，每一位教师都要承担起育人的责任。

那么教师如何能获得幸福感呢？首先要明确自己的价值观，不要奢求太

多，做事要有目标，根据自己的能力来定目标，目标应是可见的、可操作的，例如，有的学生的成绩由不及格到及格，是不是我们也可以为之欢呼雀跃呢？再者，要有好的心态，豁达乐观。遇到困难时，要想办法去解决，而不是抱怨，其实换个角度考虑问题可能就会找到出路，不能钻牛角尖。

在教育实践中，智慧就是创造力的一种体现，因为有了创造力，智慧才有活力；因为具有活力，智慧才能启迪万物。教育的这种创造力就是通过"智慧型教师"展现出来的。

网络教研助力成长

在科技日益发展的今天，网络教研也成为一种新型的培训模式。

我自己是一名普通的教师，有幸参加了省、市、区组织的多次网络教研，与名师交流，与专家会晤，网络教研给我的课堂教学增添了活力，同时也为我的成长提供了发展的机会。

下面从几个方面谈一下自己的看法。

一、网络远程研修体现时代先进性

我们都知道，每个地区经济发展的状况直接影响这个地区教育的发展。网络研修学习可以看作是一种新型的教研模式，打破了地域、时空的限制。网络研修并不能抹杀培训专家的作用，专家是整个培训的引领者，通过屏幕上的交流区可以知道参与研修的教师的需要，及时调整交流的内容。

一般的研修是在报告厅进行面授，授课教师个人的素质直接决定着交流和教研的质量。我们都清楚每个学校的教师有限，并且在文化层次、个人素养等方面参差不齐，优秀教师在一个学校中占的比例较小，传统的教育优势可能会出现地区差异。而在网络研修学习中，每门课的主讲教师都是优秀教师或特级教师讲课，他们在教学中能把握好课程的精髓，这样就避免了时间和空间的限制，能在第一时间给参训教师授课。同时，参训的教师还能与他们互动，有时困扰自己很长时间的问题通过网络交流就可以迎刃而解。

二、网络远程研修拓宽教师视野

网络研修实现了优秀教育资源的整合，远离发达城市的教师可以充分利用这一资源，对自己的课堂进行学习、提升，我们也能够从中学习与自己专业相关的先进教学理念和教学方法，激发学生的学习主动性，促进学生的全面发展。我们可以通过网络与万里之外的优秀教师团队"当面"讨论问题，交流思想、启迪智慧，真正做到了"秀才不出门，尽知天下事"。

我记得自己在讲公开课《三峡》之前，就对于映潮老师就有所耳闻，但是没有机会亲自听他的课。正好当时参加了骨干教师网络研修，在培训的网站上有于映潮老师的公开课，我自己反复看了很多遍，结合自己的理解形成了自己的课堂设计，实现了整个单元知识体系的整合，也提高了自己的专业素养，产生了较好的授课效果。

三、网络远程研修实现资源共享

网络研修模式的学习，突破了传统的教学模式，它一方面给教师提供了资源，另一方面还能够开展形式多样的动态学习，如在线答疑、讨论专区、教学互动等；通过案例探究、疑难归类、研讨提升等方式，帮助教师构建知识体系，形成自主学习的文化氛围。

四、网络远程研修引发深入思考

在网络研修的过程中，同一问题有时会引发不同的声音，对于某一个观点，不同的专家也会有不同的见解，这需要自己的独立思考。网络研修教会了我们批判地吸收，看问题要多角度、勤思考。现在参加网络研修学习，我习惯带着问题来学习，习惯静静地思考。我很珍惜与专家的每一次交流分享，看着自己的观点被认可，自信感满满。在思考中汲取精华，在思考中进步，这对于提升自己的业务水平有很大的帮助。

五、网络远程研修促进个人成长

原来自己写写文章，多半是为了应付工作，真要写点东西时，反而觉得有些困难，要准备很长的时间。现在，因为网上同行之间的交流、思想的碰撞，我也有了自己的成长。每天晚上坐到电脑前，看着自己记录的文字，觉得不可思议，有时能达到好几千字。

思维导图学习方法我也是从网络研修开始接触的。一开始跟着专家一步步地进行主干提纲的提炼，然后加入每条枝干的重点、难点，后期再加入充实的内容。课堂上，我和学生一起进行课本知识的梳理和阅读内容的构建，不仅提高了授课水平的条理性，学生的思维深度也逐渐打开。

网络研修可以跨时空、跨地域交流，我们可以在讨论、交流中迸射出思想的火花。在这里我们可以畅所欲言，在这里距离不是问题，在这里我们可以给自己展示的空间。

第二章
语文教学之行

深耕课堂 躬身实践

激荡生命　豪迈抒情

——《安塞腰鼓》教学设计

教学目标

1.朗读课文，感受安塞腰鼓的豪迈气势

2.品读课文，学习文章的写作方法

3.悟读课文，体会作者所歌颂的生命力量

教学重点

学习文章写作方法，体会作者所歌颂的生命力量。

教学难点

学习文章的写作方法，体会作者所歌颂的生命力量。

教学过程

一、创设情境，导入新课

课前播放打鼓场面，让学生谈谈自己的感受，由此引出本课的学习。
(教师板书课题)

(设计说明：教学时需要教师精心创设环境，通过外部条件的作用方式，激发学习内部过程的发生。本环节主要通过谈话激发学生的学习兴趣，唤起学生的情感体验。)

二、字词擂台赛

字词是我们打开一篇文章的钥匙，请同学们看我手中拿的生字卡(出示本课重点字词)，现在两人一组，互相提问，过关之后请举手，看哪个小组过关得最多。

(利用生字卡检查学生的预习情况，学生过关后评出优胜小组。)同学们看屏幕，自由朗读2遍。

（设计说明：字词过关是朗读课文的第一步，也是学生学习语文的基础。本环节主要检查学生重点字词的预习情况，体现语文学习的工具性，为后面的学习打下基础。）

三、走进录音棚

（1）请同学们读课文，用一个或几个词说说自己读完课文的感受。

（2）小组合作，选出最能表达自己感受的段落，利用多样的形式进行展示，读出自己的理解。

友情提示：小组展示时，请派一个代表做介绍：我们小组用_____的方式读_____段。

全班合作朗读：做加法式。（根据教师出示的段落，第一句第一排同学读；第二句加入第二排同学；第三句再加一排同学；第四句再加一排同学……最后一段全班齐读。）

（设计说明：《语文课程标准》指出，语文学习具有重情感体验和感悟的特点。我们应该重视语文熏陶感染的作用，注意教学内容的价值取向，同时也应尊重学生在学习过程中的独特体验。"要珍视学生独特的感受、体验和理解"，"对学生独特的感受和体验应加以鼓励"。本环节通过学生的朗读，了解学生对文本的概括能力，及时把握学情，让学生通过读来悟情。）

四、我是评论家

（一）《安塞腰鼓》一文历来被读者所称道，请你结合具体内容谈谈文章的特点

（1）用词。如动词、叠词等。

（2）修辞。如排比、比喻、反复等。

（3）句式。利用长句、短句等句式。

（4）写法。如动静映衬等。

学生先自己思考，然后小组讨论展示，教师抓住重点句进行点拨，明确对文章的赏析技巧。

1.用词方面

例如，文章开头第4段中"呆呆地"运用拟人的修辞手法写出安塞腰鼓安静时的状态，为后文的蓄势奠定基础。

2.修辞方面

例如，第7段运用比喻和排比的修辞手法，形象生动地写出安塞腰鼓的动

态美，使人能够在脑海中铺排出一系列丰富多彩的画面。

3.句式方面

例如，第 7 段中"发狠""忘情""没命"等词语，将语言气势层层推进，步步增强，体现了安塞腰鼓的气势美。

4.写法方面

例如，第 9、10、11 段这几个段落形成排比段，能让读者在朗读中联想到各种丰富的画面，增加文章的厚度。

教师小结：《安塞腰鼓》这篇文章短小精悍却给人气势磅礴之感，多种艺术手法的运用使读者感受到文章独特的语言美、结构美、艺术美。

(二) 感悟文章的情感美

文章表达了作者怎样的情感？

学生发表自己的见解，教师补充安塞腰鼓的历史以及独特的地域特色。

点拨：文章注重"情"字的贯穿，来赞美安塞腰鼓的震撼和生命力。

(设计说明：《语文新课程标准》中提到，对课文的内容和表达要有自己的心得，能提出自己的看法和疑问，能运用合作的方式，共同探讨疑难问题。此环节中教师要充当一个创造者、引导者、解惑者和参与者，是学生学习的合作伙伴，要尊重学生的个人体验，在对话互动中促进学生对文本的理解。)

五、我是传承者

教师补充安塞腰鼓荣获的奖项以及在国内外的影响力，让学生思考：文章仅仅是在写安塞腰鼓吗？他为什么要写？

(生回答。)

(幻灯片出示助读资料。) 刘成章的作品简介和对家乡的认识。

教师小结：俗话说，"一方水土养一方人"。刘成章是陕北人，在他的生命中安塞腰鼓已经注入其血脉，在他的文章中，可以看出他对故乡的热爱。正因为对黄土高原有特殊的感情，他才把安塞腰鼓写得如此酣畅淋漓。

请大家一起来读这首小诗：

好一个安塞腰鼓，

这是生命和力量的宣泄；

好一个安塞腰鼓，

这是人情和自由的挥洒；

好一个安塞腰鼓，

这是文明和文化的传承；

好一个安塞腰鼓，

这是慷慨激昂和气壮山河的时代之歌；

好一个安塞腰鼓，

这是中华民族顽强不屈的精神和魂魄！

（设计说明：在语文课堂教学中，体验语言文字的生命质感，享受语言文字的生命阳光，必须从语言文字和语言表达形式入手，在潜移默化中提高学生的理解深度与广度。本环节重在与学生交流的过程中，提高学生对文本的理解深度。）

（此教学设计发表于2017年第4期的《语文教学通讯》）

《安塞腰鼓》教学实录

一、创设情境，导入新课

师：同学们，你们见过打鼓的场面吗？给你们留下了什么样的印象，请与大家一起分享。

生：我在电视里见过，很壮观。

师：这是打鼓场面的壮观。

生：很喜庆，在正月十五见过。

师：这是打鼓给人的一种视觉和心理上的感受。

生：我在我哥哥结婚的时候见过，很热闹。

师：喜庆的日子自然有锣鼓敲起来。今天我们一起走进刘成章的《安塞腰鼓》，去感受它的独特魅力。（教师板书课题）

二、字词擂台赛

师：同学们，字词是我们打开一篇文章的"钥匙"，请同学们看我手中拿的生字卡（教师出示本课重点的字词）。现在两人一组，互相提问，过关的请举手，看哪个小组过关得最多。

（教师利用生字卡来检查学生的预习情况。）

师：这个小组过关的人数最多，是第一个全部举手的，祝贺这个小组赢得"字词擂台赛"的冠军，后面的2组和4组分别是亚军和季军。

（学生自由朗读后齐读两遍。）

师：看来大家对字词的掌握已经没有问题了，接下来我们一起聆听寒风先生的课文朗读。老师有个小小的要求，听完后，用一个词或几个词说说你们对课文的感受。当然，一边听一边跟读，你们的收获会更大。

（教师播放朗诵视频，大约8分钟。）

师：谁能用一个词或几个词来形容你对这篇文章的理解？

生：气势恢宏。

师：这是给场面上的感受。（板书：气势恢宏）

生：豪迈。

师：这是从敲鼓人的角度看出来的。（板书：豪迈）

生：振奋人心。

师：这是从观众的角度来说的。（板书：振奋人心）

生：有力量。

师：这是安塞腰鼓传达给我们的感受。（板书：有力量）

这些词最能代表大家对课文的感受了。文中哪些段落给了你们这些感受？接下来大家小组合作，采用个人读、领读、小组轮读、演读、唱读等方式练习朗读，选择最能体现你们小组共同感受的段落，待会儿我们走进录音棚，展示你们最美的声音。

三、走进录音棚

学生以小组为单位练习朗读。

师：哪个小组最先展示？好，这个小组跃跃欲试了，请你们先展示。

生：我们用轮读的形式给大家朗读第 7 自然段。

（小组轮读展示第 7 自然段。）

师：从你们的朗读中我感受到安塞腰鼓的画面美。请坐，来，这一组。

生：大家好，我们用领读和轮读的方式读第 5 段到第 13 段。

师：你们读得很精彩，读出了有气势的安塞腰鼓。请坐，来，这一组。

生：我们用齐读的方式读 14~17 段。

（小组齐读展示这几个自然段。）

师：你们的朗读让我们感受到气壮山河的安塞腰鼓。刚才大家在录音棚中的声音很美，能告诉我你们在朗读时注意了什么？

生：有感情。

师：这是情感方面，也是考验你们对文章的理解。

生：字音要准确。

师：这是朗读的基本要求。

生：还要有节奏和停顿。

师：看来大家真的是小播音员了！刚才老师看大家准备的时候，好多组都选了第7段，（幻灯片显示第7段，注意红色字代表重音）这一段我们可以这样读，红色字代表重音，斜线代表停顿，第一句话第一排的同学读，第二句话第二排的同学加进来读，第三句话第三排的同学加进来读，第四句话第四排的同学加进来读，第五句话第五排的同学加进来读，最后一句全体同学一起读。

（学生按要求一起朗读。）

四、我是评论家

师：从大家的深情朗读中，我真切地感受到"好一个安塞腰鼓"。刘成章用铿锵有力的语言，把安塞腰鼓演绎得淋漓尽致。我们也可以说"好"一篇《安塞腰鼓》，那它好在哪？

生：语言很有力。

师：这是从语言的角度分析。

生：描写得很壮阔。

师：这是从场面角度分析。

生：有动有静。

师：这是描写手法。看着老师的提示，选一个或几个角度在课文的相关段落旁边写写你们的感受。（幻灯片出示）这篇文章好在——

（1）用词。如动词、叠词等。

（2）修辞。如排比、比喻、反复等。

（3）句式。利用长句、短句的形式。

（4）写法。如动静映衬等。

（学生自行理解。）

师：来，和你们的小组成员分享收获（学生讨论2分钟）好，谁第一个来评论一下为什么"好"？

生：我觉得本课的叠词用得好，如"茂腾腾""呆呆的""哑溜溜"等，增强了语言的节奏美和音乐美，读起来很亲切。

师：你的见解很深刻，一眼看到了叠词，叠词使语言很亲切、很有韵味。（板书：叠词）看课文中还有哪些叠词？

生："风萧萧""隆隆""呼呼""匆匆"等。

师：大家把这些词画下来，一起读一读。

（学生读这些带有叠词的句子。）

生：动词用得好，如第27段，"交织""旋转""凝聚""奔突""辐射""翻飞""升华"这几个动词有一种气势磅礴之美。

师：对，表现出一种动人心魄的力量。（板书：动词）来，你给大家读一遍。

（生读。）

师：除了这几个动词外，还有哪段使用了动词？

生：第18段，"搏击""震撼""烧灼""威逼"这几个动词。

师：有什么好处？

生：感觉很有力量。

师：这些有力量的动词可以重读，你试着读一下。

（生读。）

师：是呀，这些动词的使用表现了安塞腰鼓的力量美，谁还想发表自己的看法？

生：我觉得第20段运用对比，将江南和黄土高原进行对比，写出江南多水柔情的特点和黄土高原的厚重之感，体现出作者对黄土高原的独特情怀。

师：你的评论太深刻了，帮老师把省略号的内容补出来了。还有对比手法的运用，正是黄土高原的厚重，才能承载安塞腰鼓的豪迈气势。

生：我想评论第7段，这一段也有比喻，也有排比，写出了安塞腰鼓的壮阔、豪放和火烈。

师：对，语言因为比喻的运用增强了其形象性，因为排比句的运用能够增强语势。（板书：比喻、排比）

生：第9段到11段也是排比，容易引发我们的联想和想象。

师：这几段也是排比，并且还运用了虚写，引发我们的联想和想象，你的品析很到位。从大家找到的排比句中可以分为哪三种形式？

生：句内排比、句间排比、段与段的排比。

师：你们学知识很善于积累，我们初中阶段关于排比的手法就是这三种，运用排比能增强气势，也最适合朗读，哪几段是段与段的排比？（生答25~27段）我们齐读一遍。还有同学想当评论员，来，请这位同学。

生：我想评论第27段，这段的句子急促有力，给人一种生命在突然间释放的感觉，并且画面很美，有人、有声音。

师：你的见解很独特，我们暂且把你刚才提到的急促有力的句子称之为短句，（板书：短句）正因为有这些短句，才使语势急促、感情强烈。大家看本段的最后一句，如果去掉逗号，"人成了茫茫一片，声成了茫茫一片"，会有怎样的效果。你读读试试。

生：不如原文有味道，原文有种画面美。

师：是的，原文"人，成了茫茫一片，声，成了茫茫一片"，更能突出人和声音，更能体现安塞腰鼓敲起来后的壮阔、豪迈。我们齐读本段。

（生读 27 段。）

师：大家把这一段读得铿锵有力。那 28 段~30 段应该怎么去读？

生：应该是舒缓的。

师：这位同学读一下，为什么用这样的语调来读？

生：这是以动写静，安塞腰鼓停止了，但是内心的安塞腰鼓却仍在响。

师：你的理解很深刻，这是以动写静，（板书：动静）静中见动，静中见行，静中画意，动静搭配，文章才美。这样的形式最能表现这样的内容，真是"好"一篇《安塞腰鼓》。

这篇文章好在，齐读：

（幻灯片展示内容）

好在语言美：美在词语的动人心魄，美在节奏的荡气回肠，美在修辞的气势磅礴。

好在构思美：美在层次分明，美在动静映衬。

好在情感美：美在安塞腰鼓的激情与力量，美在陕北人民的强健与豪放。

五、我是传承者

师：正所谓"一方山水养一方人"。黄土高原的厚重，激发了刘成章的豪迈之情，他用他的文字表达着他的陕北情节，如今的安塞腰鼓已经成为陕北文化的象征。除此之外，还有剪纸、秧歌、窑洞（幻灯片出示图片）这些极具特色的陕北文化。让我们记住它们吧，它们不仅是陕北的，更是中国的，也是世界的。

当我和同学们学完这篇文章，我的内心心潮澎湃，写了一首小诗与大家分享。

（幻灯片出示）

好一个安塞腰鼓，

这是生命和力量的宣泄；

好一个安塞腰鼓，

这是人情和自由的挥洒；

好一个安塞腰鼓，

这是文明和文化的传承；

好一个安塞腰鼓，

这是慷慨激昂和气壮山河的时代之歌；

好一个安塞腰鼓，

这是中华民族顽强不屈的精神和魂魄！

美在"暖冬" 温情怀念

——《济南的冬天》教学设计

教学目标

1.理解重点词语，有感情地朗读课文，感知课文内容，把握作者的思想感情，学习作者抓住特征描写景物的方法

2.反复朗读，揣摩、品味本文优美的语言，体会比喻、拟人修辞手法在写景中的表达作用以及本文抒发的思想感情

3.品味济南冬天的美，激发热爱生活、热爱大自然的感情，培养积极健康的审美情趣

教学重点

朗读、欣赏文章生动形象的语言，学习作者抓住特征描写景物的方法。

教学难点

揣摩、品味文章优美的语言，体会比喻、拟人等修辞手法的运用以及描写景物的方法，领会作者抓住主要景物的主要特征的细致描绘，情景交融地表达对济南的赞美之情。

教学过程

一、唤情（激情导入）

四季因景色不同而留给人们深刻的印象。济南的冬天是怎样的呢？让我们随着老舍的《济南的冬天》，去领略济南冬天的迷人景色。

播放优美视频——散文《济南的冬天》。

（设计说明：课前播放视频，为学生创设优美、宁静的氛围，把学生带入课文的意境，为后面的学习奠定基础。）

二、知情（预习展示）

（一）文学常识我知道

学生用各种形式将自己收集的材料进行展示，教师进行点拨。

（1）老舍，现代著名作家，人民艺术家，原名舒庆春，字舍予，满族。其代表作有小说《骆驼祥子》《四世同堂》、话剧《龙须沟》等。《济南的冬天》是1931年春天，老舍在济南齐鲁大学任教时所写的一篇情辞并茂的写景散文。

（2）题目明确交代了描写的地方和时令。

（二）重点字词我积累

1.注音

济南（jǐ）　镶（xiāng）　贮蓄（zhù）　发髻（jì）　澄清（chéng）

2.释义

响晴

贮蓄

空灵

（教师利用在线测评系统检测学生基础知识的掌握情况，快速、准确地了解学生对基础知识的掌握情况，对于出错较多的易混点进行点拨。）

3.课文内容我了解

读了《济南的冬天》这篇课文，我知道了＿＿＿＿＿＿＿＿＿。

学生展示形式：①寻找有关济南冬天的PPT，配以音乐、文字，来表现济南的"温晴"。②概括济南冬天的几幅画面，有感情地朗读，读出济南的"温晴"，读出对济南冬天的喜爱和赞美之情。

学生回答后，教师点拨：

（1）摇篮安睡图。

（2）雪后小山图。

（3）山村卧雪图。

（4）玲珑水晶图。

（设计说明：朗读是学习语文的重要教学途径，也是培养学生语感的重要途径，有助于培养学生的审美能力、想象能力。教师引导学生跳读课文，在朗读过程中，学生渐渐进入文本所创造的优美意境，把平面的语言变成立体的画面，学会用自己的话进行概括描绘，感悟到文章的真谛。无论从立意还是从构图色彩来看，都是一幅完美的图画，在不经意间对济南冬天的舒适、"温晴"有了深切的体验。）

三、赏情（美点寻踪）

跳读课文，济南的冬天美在——

可以从文章布局、修辞、景物等方面谈自己的认识。

（学生自学后进行小组讨论展示。）

（一）预设一：美在布局谋篇层次井然

采取总—分—总的结构布局。总写"济南真得算个宝地"；分写时围绕山和水展开，写了阳光下的小山、薄雪覆盖下的小山、城外的远山、冬天的水色；最后以"这就是冬天的济南"结尾，照应开头。

（二）预设二：美在描山画水立体可感

1.色调的对比

（幻灯片出示）首先把济南与＿＿＿相比，突出济南冬天＿＿＿特点，接着把济南与＿＿＿相比，突出济南冬天＿＿＿特点，最后把济南与＿＿＿相比，突出济南冬天＿＿＿特点，这主要运用了＿＿＿手法。

2.色彩的搭配

找出自己最喜欢的画面，朗读文章，感受文字的色彩搭配之美。

3.立足点的变化

找出立体感最强的画面，感受角度变化之美。

教师根据学生的回答出示相应的段落，利用电子白板文字的放大功能，重点突出角度变化的词语，加深学生的印象，感受图画的立体美。

4.美在虚实相生

找出虚写传神的画面，用批注法描绘自己的想象。课中插入微课视频——写作中描写的作用，引导学生学习写作手法对传情的作用，使景物自然传情。

（三）预设三：美在修辞运用贴切自然

运用比读的方式体会下面两组句子的表达效果。（课件制作时用不同的颜色将重点的词语标识出来，突出它们的存在。）

（1）第一组。

甲：一个老城，有山有水，全在天底下晒着阳光，暖和安适地睡着，只等春风来把它们唤醒，这是不是个理想的境界？

乙：一个老城，有山有水，受着阳光的照射，暖和安适，真是个理想的境界。

（生回答。）

教师点拨：甲句中有"晒""睡""唤醒"等字，运用了拟人修辞手法，将"老城"人格化，带有生命的感觉，形象地写出"暖和安适"的理想境界。

（2）第二组。

甲：这一圈小山在冬天特别可爱，好像是把济南放在一个小摇篮里，它们安静不动地低声地说："你们放心吧，这儿准保暖和。"

乙：这一圈小山围着济南，使济南在冬天也特别暖和。

（生回答。）

教师点拨：甲句用比喻、拟人修辞手法，用"小摇篮"比喻"小山围城的地理环境"，用"看护者"比喻"四周的小山"，加上温存体贴的抚慰，写出这一圈小山特别可爱。而且，可以躺在摇篮里感受母亲体贴入微的抚爱，那当然是最暖和不过的了，山还"低声地"哼着摇篮曲，秀美的睡态再现了这个"理想境界"温暖、舒适的特点。

（结合课堂所学与微课内容的学习，建构有关景物写作的知识体系。教师可以运用思维导图辅助学生形成他们的知识构建。）

（设计说明：《语文课程标准》中指出，语文学习具有重视情感体验和感悟的特点。教师应该重视语文熏陶、感染的作用，珍视学生独特的感受体验和理解。本环节教师可以引导学生跳读课文，以情感知，以情带读，以情悟理。同时，使学生体会比喻、拟人等修辞手法的作用，学会用批注的方法探寻美点，进行概括描绘，提高学生的品读能力。）

四、悟情（知人论文）

文章以"济南的冬天"做标题，为什么在结尾又写到"这就是冬天的济南"？

白板呈现问题，在学生展示的过程中，根据学生的展示拖拽课文内容，使呈现内容与学生赏析一致。教师补充有关老舍的资料和写作背景，在电子白板有限的空间内呈现无限的内容，也可以引导学生登录相关网站，自己阅读相关资料。

教师点拨：文章以"济南的冬天"做标题，表明所写的是济南这个特定环境的冬天，不同于其他地方的冬天。最后的"这就是冬天的济南"是全文的结束语，抒发了作者对"冬天"这个特定季节里济南的总的观感。这样的结尾，既和开头"济南真得算个宝地"相呼应，又点了题，抒发了作者的赞美之情，给人回味的余地。

（设计说明：不管什么样的文本，都要关注作者的情感，为何而文？文为何生？要站在作者的立场，将文本置于一定的历史背景之下，即作者的写作背景，"尽量复原或重建作者的境遇与意图，并努力剥茧抽丝、取其精华"；根据教材编写者的意图和语文教学的特殊规律，透过表面上的文字符号，与隐藏在文本后的作者进行心灵对话和情感交流，潜心审视和领悟文本的内在意义。）

五、传情（以情传情）

老舍先生写中国北方的冬天不着眼于"寒"，而着眼于"暖"；不着眼于"壮"，而着眼于"秀"，集中突出了冬天里"温晴"的特点。为了展现这一特点，作者抓住了"暖、秀、绿"着墨，写出了春意，写出了生机。之所以如此，皆在于作者内心蕴含着的"温情"，使作者看到的景物有了这种温情的意象，使作者温情的感受有了这种美妙的表达，正是"一切景语皆情语"。

每个人的故乡都是美好的、难忘的，请选用本课所学的任意一种传情手法，记录下自己对故乡最美好的记忆。把自己对故乡的美好印记发布到班级论坛上，大家可以互相浏览学习。

（设计说明：本环节重在引导学生体悟作者的情感，最后落实到写作上，将本课的所学落实到文字表达，提高学生的语文素养。）

（此教学设计发表于 2015 年第 2 期的《中国信息技术教育》）

与画同行　美美与共

——《苏州园林》教学设计

教学目标

1.朗读课文，感受文章的结构美

2.精读课文，体会文章的图画美

3.跳读课文，品味文章的语言美

4.悟读课文，领悟作者的情怀美

教学重点

1.精读课文，体会文章的图画美

2.跳读课文，品味文章的语言美

教学难点

悟读课文，领悟作者的情怀美

教学过程

一、创设情境，导入新课

"上有天堂，下有苏杭。"苏州拥有享誉国内外的古典园林。今天，我们一起学习《苏州园林》，欣赏其美丽的画面，领略其美妙的语言。

板书课题，并出示目标。

（设计说明：本环节的目的是创设情境，导入新课，让学生对所学内容有期待感，从而顺利进入学习任务，取得良好的教学效果。）

二、预习检测

给下列划线的词语注音。

轩榭（　　）　池沼（　　）　重峦叠嶂（　　）　丘壑（　　）

嶙峋（　　）　镂空（　　）　斟酌（　　）

（重点理解："轩"和"榭"的字词含义）

（设计说明：语文的学习注重工具性和人文性的统一。本环节通过检查学生的预习情况，为朗读做好铺垫。）

三、初识苏州园林，感受结构美

（1）欣赏几幅关于苏州园林的图片，欣赏完图片，请用比喻句来说苏州园林就像_____。

（幻灯片出示苏州园林的图片。）

学生各抒己见，教师提炼学生回答的核心词语。（板书：图画美）

（2）文中哪一句话最能概括苏州园林总的特征？课文是从哪几个方面具体说明的？

教师针对学生的回答适当点拨：各分项的说明顺序是由主到次。这篇文章的结构特点是：总—分—总，结构美在于层次性非常清晰。

（设计说明：在阅读中进行"整体感知"是语文教学的起点和指导思想。《语文课程标准》指出，"应该创设情境，重视语文熏陶感染作用，注重语文教学内容的价值取向""要重视学生独特的感受、体验和理解""对学生独特的感受和体验应加以鼓励"。本环节通过主问题的设计让学生理清文章的层次，理解文章的主要内容。）

四、漫游苏州园林，体会图画美

师：假如你是一名摄影师，你会选择哪些镜头向大家介绍这幅完美的图画？

（幻灯片出示例子。）

生：我会选择第 4 段的最后一句，我给它命名为"鱼戏莲叶间"。湖面上翠绿的荷叶，托出朵朵芙蓉，如同少女红润的面颊，鱼儿在水中互相嬉戏，让我联想到"鱼戏莲叶东，鱼戏莲叶西，鱼戏莲叶南，鱼戏莲叶北"，好一幅自然和谐的图画。

（学生根据自己的理解在小组内交流，然后在班内汇报。）

五、回味苏州园林，品味语言美

假如你是一名语言鉴赏家，你认为作者是如何运用准确生动的语言来表现苏州园林图画美的？请谈谈自己的理解。

教师提示：

（1）准确性。表示范围、修饰、程度、限制性词语的运用，如往往、大多、极少等。

（2）生动性。描写性词语、语句的运用，动词的运用。

（学生根据提示默读课文，然后交流汇报。）

教师小结：本文用词的准确性体现在以下几个方面：①说明事物时注意修饰语的运用。如"大多""绝不""极少"。②注意运用肯定的语气。如"一切""一律"。这些表示范围、程度的词语都能够体现苏州园林的特点，表达十分准确。

语言的生动性体现在：①四字词语的使用。如"重峦叠嶂"写出假山在小巧玲珑的园林中，从平地拔地而起，体现了设计师和匠师们精湛的技艺；"高低屈曲"写出了池沼河道的边沿高低不平，尊重自然的组合，借助地势来体现自然美；"盘曲嶙峋"写出古老藤萝枝条的虬枝盘旋；"珠光宝气"写出了藤萝花的优雅风韵，描绘出了生机盎然的画面。②修辞手法的运用。如运用四个"讲究"的排比句，突出了苏州园林布局讲究的特点，增强语势；"生平多阅历，胸中有丘壑"，运用对偶句写出了生活经历的丰富与堆积假山技艺的高超之间的关系。③恰当的动词。如"阶砌旁边栽几丛书带草"中的"栽"字，从中可见匠师们的独特构思，让角落都发挥了价值；"补上几竿竹子或几棵芭蕉"中的"补"字，写出了匠师们善于让细微之处也发光。

（设计说明：语文能力不仅仅指对语言的理解、运用能力，从深层次意义来看，它取决于思维的深刻性。《语文课程标准》中指出，"语文应着重培养学生的语文实践能力"。因此，要让学生在大量的语文实践运用中掌握运用语言的规律。本环节主要让学生在语文实践中品析语言，感受本篇文章语言的独特魅力，使学生受到熏陶感染。）

六、走出苏州园林，体悟情怀美

通过品味以上文字，我们应该思考一篇文章所蕴含的作者的感情。这篇文章是叶老给《苏州园林》画册写的序言，但是字里行间却透出作者对园林的情怀。

（幻灯片出示文章内容。）

叶圣陶从小在苏州长大，他对苏州的一草一木怀有深厚的感情，特别与苏州园林结下了深厚情感。他游过的园林就有十多个，他曾说："拙政园、沧浪亭、怡园、留园、网师园，几乎可以说每棵树，每道廊，每座假山，每个亭子我都背得出来。"

（学生结合自己的理解谈作者的情怀。）

教师小结：情怀美体现在叶老对苏州园林的热爱、眷恋和赞美。

（设计说明：《语文新课程标准》中提到，对课文的内容和表达要有自己的心得，能提出自己的看法和疑问，并能运用合作的方式，共同探讨疑难问题。本环节主要是让学生通过沟通、交流，理解作家渗透在文中的情怀，在潜移默化中提高学生的理解深度与广度。）

七、学以致用

随笔主题：我们的校园

提示：抓住学校的教学楼、宿舍楼的共同点，先总写，后分写；然后围绕食堂、操场来写，由主到次，由整体到局部，字数在 600 字左右。

（设计说明：本环节重在培养学生养成良好的写作习惯，发展学生的个性，激发学生学习的乐趣和成就感。）

童真童趣 温馨回忆

——《从百草园到三味书屋》教学设计

教学目标

1.感知课文，理清脉络

2.品读语言，学习写景

3.体悟情感，探究主旨

教学重点

品读语言，学习写景。

教学难点

体悟情感，探究主旨。

教学过程

一、创设情境，导入新课

（借助歌曲《童年》导入）

每个人的童年记忆都是独特的。今天我们一起学习《从百草园到三味书屋》，了解鲁迅先生的童年。

（设计说明：由歌曲导入，营造学习氛围，拉近与学生的距离，激发学生的学习兴趣。）

二、朗读课文，整体感知文章

1.结合注释，自由大声地朗读课文，积累重点字词，把不懂的地方勾画下来

2.思考文章主要写了哪些内容

学生思考后交流：

（1）掌握下列字词的读音和字形。（幻灯片出示内容）

菜畦 确凿 秕谷 倜傥 蝉蜕

（2）学生读课文，交流后明确以下内容。

"从……到……"不仅是时间的推移，也是地点的转换。从题目来看，文章写了两部分的内容，一是百草园，一是三味书屋。

（设计说明：朗读课文，整体感知文章的主要内容，了解学生对文本的理解程度，及时把握学情，为后面的学习打下基础。）

三、走进百草园

1.聚焦第 2 段

师：请同学们朗读百草园部分第 2 段，读完请举手。

（生朗读课文第 2 段，然后齐读 1 遍。）

师：初读百草园，留给你什么印象？

（生回答。）

教师点拨：百草园有趣、景色美，便于孩子玩耍。鲁迅提到百草园是"我的乐园"。（板书：乐园）百草园原本是一个荒园，为什么鲁迅先生却说是"我的乐园"？

教师引导学生结合下面几个角度谈谈自己的认识。

（1）句式："不必说……也不必说……单是……"。

（2）描写对象：描写动物、植物。

（3）从修辞的角度、写景的方法、想象在泥墙根观察的角度谈谈自己的认识。

（学生思考后回答。）

师：鲁迅写这篇文章时已经 46 岁了，字里行间却还像个孩子似的。在他的笔下，这个乐园就是一个宝藏，想吃好吃的来这里，想玩好玩的来这里，俏皮的文字后体现不泯的童心，让我们在朗读中体味。

（学生多样化朗读。）

教师点拨：本段的写景很有层次感，由百草园的整体到局部，整体是从植物写到动物，局部是从动物写到植物；静物从低到高，动物从高到低。这一段不仅体现了作者对景物观察得认真仔细，能抓住景物的特点，同时也体现了作者对百草园发自内心的热爱，把百草园写得十分精彩，活泼多姿。你们还发现有哪些写作方法值得借鉴？

（学生讨论，教师小结。）

第一，句式上的讲究，先用"不必说，也不必说"宕开一笔，突出"单是"的内容，从内容来看"单是"已经十分吸引众人了，更不用说百草园的其他地方了。

第二，描写范围：由整体到局部。

第三，描写对象：植物，动物。

第四，感官的角度：视觉、听觉、触觉、味觉等。

第五，多样修辞的运用：比喻、拟人等。

第六，遣词造句：动词、形容词等。

2.聚焦冬天的百草园

师：我们从上面的品读中可以看出，46岁的鲁迅仍然怀有一颗不泯的童心，向大家"炫耀"自己的百草园。那冬天的百草园如何呢？有好玩的吗？

（生回答。）

教师引导学生重点品读雪地捕鸟部分。尤其是动词的使用，指导学生在写作中运用。

师：冬天的百草园对于鲁迅来讲也是快乐无穷的，再介绍百草园的时候，他插入了一个故事是——

（生回答。）

3.聚焦美女蛇段落

师：有哪位同学能来复述这个故事。

（生回答。）

师：这个故事能删去吗？为什么？

（生回答。）

教师引导学生理解插叙的好处。

师：百草园的吸引人之处还因为这个美女蛇故事，给美丽的百草园增添了神秘感。冬季的无聊没有让百草园黯然失色，依然是乐园，我们也看到了鲁迅对童年的美好回忆。但是这种美好的时光是短暂的，他要离开这里去哪里呢？哪一段有专门的介绍？

（生找出来，齐读。）

四、走近三味书屋

师：这一段文字是鲁迅离开百草园的依依不舍，也是衔接两部分的过渡段。鲁迅说话的语气也很特别，你们能读出来吗？

（生读。）

师：鲁迅竟然把德语放到文章中，可谓紧跟时代潮流。三个"也许"的猜测对鲁迅来讲也很有趣，我们可以换位思考，其实鲁迅知道父母为什么会送他去三味书屋，他却装作一切都无从谈起。鲁迅对三味书屋的态度是怀念还是批判？请大家从文中找到语句，结合语句发表自己的观点，做到讲话有理有据。

（生结合语句回答。）

引导学生结合最后一段对寿镜吾老先生的介绍来理解。

师：在鲁迅的记忆中，先生地位很高，一个"极"字足以看出他对先生的敬重。

周家和寿家是世交，同时住得很近，所以周家的孩子大多在寿家读书。鲁迅 6 岁在家跟叔祖周玉田学《鉴略》，后又跟周子京读《孟子》，但是周子京学识浅薄还经常出错，所以他从 12 岁起便到三味书屋跟从寿镜吾读书，直到 18 岁。寿镜吾老先生收学生必须先去家里考察，过关后才收。

师：鲁迅对先生一直怀有深深的敬意，离开三味书屋后还保持来往。在南京求学、日本留学期间，每次放假回绍兴都要去探望他。后来在绍兴任教、北京工作期间一直也与先生保持联系。现在绍兴的鲁迅纪念馆里，还陈列着寿镜吾老先生致鲁迅的信函。

鲁迅先生的老师有多位，但其中他怀念较多的一位就是寿镜吾老先生。鲁迅离开寿先生 20 多年，却依然保持来往。可以说，一位好老师就是一个人一生的财富。寿先生的优秀品质也影响着鲁迅，教给鲁迅做人的准则。我们再品读这些文字，其实鲁迅没有特意去颂扬寿先生，甚至重笔刻画他的发怒场景，但正是这些饱含深情的文字体现了鲁迅对他的怀念，从侧面来讲也体现了寿先生对鲁迅影响深远。

（设计说明：《语文新课程标准》中提到，学生对课文要有自己的认知和理解，提倡运用自主、合作、探究的学习方式来解决问题。以上两个环节，教师重在点拨总结、引而弗牵。教师通过经典语句的品析、入情入味的朗读，引导学生学习文章的语言与表达技巧。）

五、探究主题

一篇文章总有其写作的意图，作者要表达的主题是什么？

（生回答。）

教师根据学生的回答补充：这篇文章是鲁迅在厦门时所作，当时的社会状况令人担忧，他一个人住在厦门，面对大海，翻阅书籍，心里空落落的。为了在诸多纷扰中寻找一点心灵上的宁静，鲁迅只能靠回忆旧时的美好事物来进行慰藉。在幸福而忧伤的回味中消除内心的苦闷，重新踏上征程。

烂漫童心　揭穿真相

——《皇帝的新装》教学设计

教学目标

1.朗读课文，梳理情节

2.跳读课文，品读人物

3.悟读课文，辨别美丑

教学重点

跳读课文，品读人物。

教学难点

悟读课文，辨别美丑。

教学过程

一、创设情境，导入新课

师：同学们，你们都读过哪些安徒生的童话？（生回答，教师板书课题并出示学习目标。）

你们了解童话的特点吗？

（生回答。）

教师根据学生的回答进行点拨。

（1）借助想象、幻想和夸张来塑造人物。

（2）情节曲折离奇。

（3）拟人手法塑造形象。

（设计说明：在谈话中引导学生利用已学的知识理解课题，了解童话的特点。）

二、初读课文，梳理情节

1.结合注释，自由大声地朗读课文，积累重点字词，把不懂的地方勾画出来

2.用简洁的语言，说说文章讲了一个什么故事，并找出文章的线索

(生思考后交流。)

(1) 掌握下列字词的读音和字形。(幻灯片出示内容)

炫耀 滑稽 骇人听闻 随声附和

(设计说明：扫除文字障碍，了解学生预习时存在的问题，梳理文章的内容，为后面的学习奠定基础。)

(2) 学生读课文，交流后明确以下内容。

本文写了一个皇帝裸体参加游行大典的故事。

本文的行文线索就是"新装"。

师生共同梳理情节，明确"骗"这一行为推动了情节的逐层深入，人物形象逐渐丰满，故事结构逐层吸引人。

(设计说明：《语文新课程标准》中提到，语文教学要注重语文基本能力的训练，引导学生打好语文基础。教师要注意学生的各种思维训练，锻炼学生解决问题的能力。本环节就是让学生在感知文章的基础上理顺文章的结构，为下一环节做铺垫。)

三、多样朗读，品评人物

(1) 有人认为"皇帝的新装"是本文的线索，而"新装"的特性使这个故事变得离奇滑稽，请同学们跳读课文，找出哪句话能够体现"新装"的特性？

(学生从课文中找出，教师引导学生朗读。)

(2) 这场荒唐闹剧成功上演，你们认为谁助推了这场闹剧的发生？

预设1：皇帝

教师根据学生的回答点拨：结合句子中的关键词、句进行点评，如课文开头"每一天每一点钟都"可以看出皇帝喜爱新装到了痴狂的地步。引导学生朗读课文的第一段，体会运用夸张的修辞手法写出皇帝喜爱新装成癖的特点。

后文的"不大自然"可以看出皇帝的虚伪。

"哎呀，真是美极了！我十分满意！"可以看出皇帝的愚蠢、自欺欺人。

引领学生重点品读动词"转""扭"的使用，引导学生加入动作来体会。

（幻灯片出示本文关于皇帝心理描写的句子。）

心理描写：我倒很想知道衣料究竟织得怎样了；我必须把这游行大典举行完毕。

（学生分析心理描写的好处并朗读。）

师：从大家的朗读里，我们看到了一位昏庸、自以为是、虚伪、自欺欺人的皇帝。除了他以外，还有哪些人物助演了这场闹剧呢？

预设 2：诚实的老大臣

（结合学生的回答，教师点拨。）

"我决不能让人知道我看不见布料。"从这些语句中看到老大臣是虚伪、愚昧的。

品读"哎呀，美极了！真是美极了！"这个句子中的感叹号，可以将"美"字拖长，"多么"重读，大家自己试一试。

（生朗读。）

师：这些描写老大臣的语句给你们留下什么印象。

生：阿谀奉承。

生：我发现"诚实的老大臣"和"诚实的官员"在出现时略有不同，老大臣写得详，官员写得略。二者共同经历了惊异、害怕、赞扬的过程。

师：你们能具体分析不同之处吗？

学生回答，教师根据回答补充：老大臣重点刻画"眼睛的大""心里的害怕，说起话来不够自信"；刻画官员时则没有动作描写，心理刻画侧重于"不够肯定"，体现其狡猾的特点。

（幻灯片出示相关内容。）

神态描写：他把眼睛睁得特别大。

心理描写：愿上帝可怜我吧！

我什么东西也没有看见！

我的老天爷！

引导学生明确"诚实的老大臣"在皇帝心中的地位之高，可以说是值得尊敬的，说的话也比较有分量。"诚实的官员"地位稍微低了些，人物刻画的细微之处时足见作者的写作功底。

预设 3：骗子

教师根据学生回答进行点拨：骗子说的话，骗子行骗的心理，骗子的织布机的摆设，都足以体现骗子的狡猾和贪婪。

预设 4：老百姓

教师根据学生的回答进行点拨：其实老百姓也有从众心理，害怕在别人面前丢脸，害怕被人看不起。

（设计说明：这一环节的学生活动中，教师的作用是点拨升华、引领总结，教学原则是引而弗牵，教师的指导需建立在学生学习的基础上。人物语句的多样品读，加深了学生对语言的感悟和对所刻画人物的细致，真正体现了教知识和教方法双管齐下。）

四、学有所思，感悟主旨

（幻灯片出示相关内容。）"皇帝的新装"这场闹剧的上演应归咎于谁？

皇帝？

骗子？

官员？

百姓？

教师小结：本篇童话以"骗"开始，以"骗"结束，看似荒诞的演出却持续到了最后。皇帝是最主要的原因，他的特质决定了他的行为，骗子是幕后人员，官员和老百姓都是追随者。

谈谈"皇帝的新装"能上演成功的最主要因素是谁？

（生回答。）

教师点拨：这虽然是一篇童话，但揭示了人物内心情绪的变化，"新装"成了人们的心理测试仪。我们通过这个故事看到了虚荣心，看到了私心，看到了社会的复杂面，甚至是人性的弱点。我们再来找找本文刻画的大人们的心理活动。

（生从课文中勾画后阅读。）

师：在这些心理活动中，我们看到了成人世界有很多违背自己内心的做法，也让我们看到了滑稽背后的社会现象。如果要重新设计文章结尾，你们会怎么写呢？

（生交流。）

教师点拨：在这个故事中每人心中都有自己的小算盘。皇帝怕丢了权威，大臣、官员怕丢了自己的官职，老百姓怕引来灾祸。大家都迷失了自我，迷失自我的结果就是集体上演了这场闹剧。

（幻灯片出示相关内容。）

安徒生："我用我一切感情和思想来写童话，但是同时我也没有忘记成年人，当我在为孩子们写一篇故事的时候，我永远记得，他们的父亲和母亲也会在旁边听。"

师：童话的对象不仅是孩子，也有大人。经典是能够常读常新的。安徒生把自己对社会的理解通过作品传递给读者，我们也会被他的真诚所打动、所感染。

（设计说明：《语文课程标准》指出，语文是学生习得语言的基本途径，学生学习的资源和机会处处都在。因此，引导学生多角度理解语文教材，挖掘文字背后蕴含的情感，在丰富的语文实践中运用语文规律。本环节主要让学生领悟作者的写作意图，实现语文素养的提高。）

挑战自然　心灵高贵

——《伟大的悲剧》教学设计

教学目标

1.朗读课文，概括故事情节

2.品读课文，学习细节描写

3.悟读课文，体会探险情怀

教学重点

1.朗读课文，概括故事情节

2.品读课文，学习细节描写

教学难点

悟读课文，体会探险情怀。

教学过程

一、创设情境，导入新课

师：同学们，你们听说过南极吗，你们印象中的南极是怎样的？

（生回答。）

师：请同学们先看一组图片，（播放关于南极的图片）南极是干净美丽的，也是神秘危险的，为了揭开它神秘的面纱，无数的科学家、探险家前仆后继。今天让我们一起走进茨威格的《伟大的悲剧》，去感受这悲壮的一幕。

（设计说明：教学需要教师精心创设环境，通过外部手段，促使学习内部过程的发生。本环节主要通过优美的南极图片激发学生的学习兴趣，唤起学生的情感体验。）

二、述悲剧之事

学生朗读课文，要求读准字音，做到字通句顺。

1.读准字音（幻灯片出示相关内容）

<u>贮</u>藏　<u>羸</u>弱　步<u>履</u>　告<u>罄</u>　忧心<u>忡忡</u>

2.读准下列句子，并理解画横线的词的意思

（1）"现在只有三个疲惫、<u>羸弱</u>的人吃力地拖着自己的脚步。"

（2）"他们的燃料已经<u>告罄</u>，而温度计却指在零下 40 摄氏度。"

3.述悲剧之事

默读课文，按照叙事的结构，用一句话概括全文内容。

提示：时间、地点、人物、事件。

（1）学生朗读课文，根据提示概括事件。

时间：1912 年。

人物：斯科特一行。

地点：从南极点返回的途中。

事件：不幸遇难。

一句话概括全文内容：本文讲述了 1912 年斯科特一行在从南极点返回自己国家的途中不幸遇难的故事。

（2）了解 "悲剧"之由。

师：我们读到的这篇文章，是作者根据斯科特遗留下来的一些底片、电影交卷、日记等记录而成的。（幻灯片出示补充资料）斯科特在日记中写道："历尽千辛万苦、风餐露宿、无穷的痛苦须恼——这一切究竟为了什么？还不是为了这些梦想，可现在这些梦想全完了。"

师：同学们，他们的梦想是什么？

生：第一个到南极。

师：这个梦想没有实现，为什么？

（幻灯片补充写作背景）1910 年 6 月 1 日，斯科特带领探险队离开英国，前往南极。1911 年 10 月，他们在新西兰登陆，此时，他们听说挪威人阿蒙森率领另外一支探险队正向南极进发。经过激烈的角逐，阿蒙森队第一个到达南极，而斯科特队到达南极点时，比阿蒙森队晚了一个月。而斯科特等五人由于南极严寒天气的突然到来，饥寒交迫，在返回的路上与暴风雪搏斗了两个多月，最后长眠在茫茫的冰雪中。虽然斯科特到达南极点的时间比阿蒙森晚，但却是世界公认的最伟大的南极探险家之一。

生：因为有人第一个到达南极。

师：是谁呢？

生：挪威探险家阿蒙森。

师：斯科特为了这场探险，变卖家产，希望能成为第一个揭开南极秘密的人，结果却是阿蒙森捷足先登。这个时候他的心情会如何？

生：失望、沮丧、痛苦。

生：绝望、忧伤。

师：多年的心血和最大的梦想却因角逐失败而成了悲剧。（板书：悲剧）

（设计说明：此环节先通过检查基础知识了解学生的预习情况，把握学生的学情；然后通过朗读课文来概括文章内容，为后面品读文章奠定基础。）

三、品悲剧之美

师：茨威格的小说名扬于世，他的传记更让人喜欢，原因之一就是其中的细节描写。

请找出最让你感动的一个细节，用"我为……而感动，它让我感到……"的句式练习说一段话。

提示：人物行为、环境描写、生活困境等。

例如，我为课文第2段中写"奥茨已经在用冻掉了脚趾的脚板行走"而感动，这一行为让我感到奥茨意志的坚强，他求生的欲望多么强烈，也感到南极真是奇冷无比。

1.品人物细节描写——壮美

学生品读课文，根据自己的理解进行交流，教师点拨。

（1）"只有三个疲惫、羸弱的人吃力地拖着自己的脚步。"（"拖着"换成"迈着"好不好？为什么？）

（生谈自己的理解。）

教师小结：不好。"迈着"只是一般的行走，"拖着"一词则形象地写出了他们筋疲力尽之后，还靠毅力顽强行进的状态，非常富有表现力。

（2）怎样理解文中"奥茨突然站起身来"中的"突然"？

（生回答。）

师："突然"体现了奥茨无限的留恋与无奈。前面还有对奥茨的细节描写吗？

生：他向负责科学研究的威尔逊要了十片吗啡，以便在必要时加快结束自己。

师：不拖累同行者，这就是奥茨的高尚品格，他最终选择了死，也就相当于选择让别人生，更是体现了他的高尚和尊严。（板书：人格的伟大——集体主义精神）

师：文中除了写奥茨之外，还写了海军上校斯科特，对于他，谁有自己的理解？

生：但他随后又悲伤地、坚决地划去了"我的妻子"几个字，在它们上面补写了可怕的"我的遗孀"。

师：为什么说"悲伤地""坚决地"，是不是矛盾？

生："悲伤"是一种心情的表达；"坚决"是一种态度的体现。

师：写信时是活着的，自己要和家人经历生死之别，可想而知是悲伤至极，但是他的伟大在于用行动向世人证明他的选择是正确，是无憾的。他的行为是值得肯定和赞扬的，所以他又在悲伤中坚决起来。请读出生死离别时的情感。

（生读。）

师：将"我的妻子"改为"我的遗孀"，这是为什么？

生：因为他清楚地知道，这本日记送到他妻子手中的时候，他已经不在人世了，反映了他能够坦然接受死亡的现实。

师：这里妻子身份的变化也就预示着斯科特心理的变化。前面也有对斯科特的描写："他们爬进各自的睡袋，却始终没有向世界表达过一声自己最后遭遇到的各种苦难。"同学们，你们觉得这些探险英雄在生命结束的时候后悔过吗？

生：没有。

师：他们愿意为国家献身，为科学献身，这是一种英雄气概。

（幻灯片出示补充资料：斯科特给罹难伙伴们的妻子和母亲的信、给祖国和民众的信。）

师：这就是无私的爱。斯科特在生命的最后时刻，考虑的不是自己的利益，他心中始终惦记着别人，他的遗书是他自己的真情流露，平静的文字中没有流露出他是一个马上要离世的人。斯科特是怀着对祖国炽热的爱离开了这个世界。文章中几次写到"恐惧""绝望""惊慌"等词语，这些描写会不会影响英雄的形象？

（幻灯片出示相关内容。）

"再这样下去，是不行了。"

"我们再也忍受不住这种劳累了。"

"我们的戏将要悲惨地结束。"

"我们现在已很难期望人的帮助了。"

(生回答。)

师：面对死亡，谁都会恐惧，这里写了恐惧，为后面他们战胜恐惧、不畏牺牲做了铺垫。虽然现实很残酷，他们很害怕，但是第二天还是坚持前进，更显出他们顽强的毅力。我们应该学习茨威格不虚夸、不掩饰的写作风格，将人物真实地表现出来。

2.品环境细节描写——凄美

(幻灯片出示带有"暴风雪"的句子。)

师：这么多环境描写的句子，作用是什么？

生：在恶劣的环境中，他们显得很渺小，但却坚强地面对，更显示出他们的伟大。

师：环境越恶劣，条件越差，探险队员需要的勇气就越大，意志也需要越顽强。自然环境突出了暴风雪的"大"与"猛烈"，突出了天气的恶劣，侧面写出了斯科特一行人的绝望与悲伤，暗示了斯科特一行悲剧性的结局。

集体主义、无私的爱、献身精神这些精神熠熠生辉。这也是英雄主义的壮美，这种壮美也是伟大的。(板书：伟大的)在事业上，他们流露出的是执着、坚毅、责任，是为事业而甘于奉献的英雄主义精神。

(设计说明：《语文课程标准》指出，语文学习具有重情感体验和感悟的特点。教师应该重视语文熏陶感染的作用，注意教学内容的价值取向，同时也应尊重学生在学习过程中的独特体验。本环节通过与学生的交流，了解学生对文本的理解程度，做到及时把握学情，在朗读的基础上品读人物，理解主要内容，突破难点。)

四、扬悲剧之魂

师：作者茨威格并没有为成功者阿蒙森作传，却为失败者斯科特作传，这是为什么？

(生回答。)

师：世上并没有天生的勇士，害怕危险之心人皆有之。正是在艰难的探险和挑战中证明了自己的价值。作为一个伟大的作家，茨威格关注的不仅是成功者，还有失败者的宝贵精神。从另一角度看，认识自然、挑战自然，实现自我价值，给后人以精神上的鼓舞示范，这是一种灵魂的高尚。让我们一起为这群探险家点赞！请大家齐读里根的这段话：（幻灯片出示）"英雄之所以成为英雄，并不在于我们颂赞的语言，而在于英雄们始终以高度的事业心和锲而不舍地对美丽的宇宙进行探索的责任感，去实践真正的生活甚至献出宝贵的生命。"

（生读。）

教师总结：我们怀着崇敬的心情读了五位探险英雄的故事，事件已成为过去，但是带给我们的心灵震撼却是永恒的。随着科技的发展，这样的悲剧或许不再发生，但是探索精神仍旧在延续。中国航天也在一步一个脚印地实现着跨越。每一次探索宇宙，不仅对于中国，甚至对于整个世界也具有历史性意义。今后，中国航天必将会赢得接连不断的胜利，为人类做出贡献。

（设计说明：在语文课堂教学中，体验语言文字的质感，必须从语言文字和语言表达形式入手，在潜移默化中提高学生的理解深度与广度。本环节重在与学生交流的过程中明确文章的写作意图，提高学生对文本的理解深度。）

五、推荐阅读

斯科特《斯科特上校绝命书》

茨威格《争取南极的斗争》

张锐锋《鼎立南极》

情感纯粹　时代英雄

——《谁是最可爱的人》教学设计

教学目标

1.通过对抒情句子和段落的朗读体悟以及对描写句的品析，理解志愿军战士的崇高品质，学习通讯议论抒情、记叙描写相结合的特点

2.通过本文的学习，深入理解"最可爱"的时代内涵，增强民族自豪感，传承伟大的抗美援朝精神

教学重点

通过句子和段落品析，理解志愿军战士的崇高品质。

教学难点

通过对文章细腻描写句的品读，体悟人物的崇高精神，真正理解"最可爱"的内涵。

教学过程

一、创设情境，导入新课

（1）由歌曲《中国人民志愿军战歌》（电视剧《跨过鸭绿江》片头曲）导入，并板书课题。

（2）看到这个题目，你最想了解什么？

（生回答。）

（设计说明：创设情境，引发学生对所学内容的思考，使学生对所学内容产生期待感。对于题目产生的疑问能激发学生的学习兴趣，唤起学生的情感体验。）

二、感知"最可爱"

梳理疑问。

（1）谁是"最可爱的人"？

（2）为什么称赞志愿军战士是"最可爱的人"？

（学生找出后学生品读。）

（3）文章通过哪几件事来写志愿军战士的"可爱的"？用小标题形式概括。

（设计说明：引导学生对文本的基本内容进行梳理并思考，然后对提出的问题进行自我解疑，培养学生预习和解决问题的能力。）

三、理解"最可爱"

（一）那文

为什么说三个故事的主人公都是"最可爱"的人？请在文中画出来，批注上你的理解。

学生分组讨论：

（1）小组展示可以个人展示，可以几人展示，以有创意的形式展示小组的智慧。

（2）可以先朗读再谈理解，也可以先谈理解再朗读。谈理解建议使用总分结构，用条理清晰的表达展示结论。

例如，我们小组从战斗时的紧急状态体会到志愿军战士的可爱。请大家看第5段，请××同学先来朗读。

从"匆匆"一词中可以看出志愿军战士作战时间紧迫，武器装备不足；"很低""光光"可以看出志愿军不占地形优势。在这种情况下，战士们奋不顾身，英勇作战，大无畏的精神让他们成为"最可爱"的人。

松骨峰战斗

体会数量词、动词、镜头画面描写的作用。

教师结合学生的理解点拨。

明确：英雄主义——保家卫国，字字千钧。

马玉祥火中救朝鲜儿童

从对马玉祥的语言、动作描写以及环境描写体现人物精神。

教师结合学生的理解点拨。

明确：国际主义——朴实无私，义无反顾。

在防空洞与战士谈话

画出人物对话的语句，体会每组对话所表现的人物品质。

教师结合学生的理解点拨。

明确：爱国主义——以苦为乐，高度的责任感、荣誉感。

通讯的特点：

第一，通讯要选择价值、意义含量较大的真实典型材料。

第二，通讯的内容讲究场面和细节描写。

（二）那情

跳读课文，从课文中找出具有强烈抒情色彩的段落。

（学生找出相关段落并品读。）

教师小结：通讯中的抒情议论是在叙事基础之上来感染读者的，对记叙起点睛作用。

（设计说明：学习语文要关注学生的品析能力，本环节指导学生结合重点语句从不同的角度进行品读，关注朗读的指导与训练，培养学生在读中品、读中悟，加深对文本的理解，提高学生的理解力。）

四、再寻"最可爱"

当今社会赋予了"最可爱的人"更为丰富的内涵，你们觉得和平年代还有哪些人也可以被称作"最可爱的人"，并说出理由。

（设计说明：本环节在与学生交流的过程中，由课内拓展到课外，提高学生对文本的理解深度。）

五、作业

请你用饱含深情的语言写一段文字，向新时代中国最可爱的人致敬，不少于100字。

《谁是最可爱的人》 教学实录

教学目标

1.通过对抒情句子和段落的朗读体悟以及对描写句的品析，理解志愿军战士的崇高品质，学习通讯议论抒情、记叙描写相结合的特点

2.通过本文的学习，深入理解"最可爱"的时代内涵，增强民族自豪感，传承伟大的抗美援朝精神

教学重点

通过句子和段落的品析，理解志愿军战士的崇高品质。

教学难点

通过对文章细腻描写句的品读，体悟人物的崇高精神，真正理解"最可爱"的内涵。

教学过程

一、创设情境，导入新课

上课之前，播放歌曲《中国人民志愿军战歌》。（电视剧《跨过鸭绿江》片头曲）

师：这首歌气势雄壮，节奏铿锵，听起来令人热血沸腾。大家知道歌曲讲述的背景吗？（生：抗美援朝）谁能来介绍一下抗美援朝？

（生回答抗美援朝的相关内容。）

师：这场战役打出了军威，打出了国威，打出了中华儿女不屈的气概与风骨。今天我们来学习一篇与抗美援朝有关的通讯——魏巍的《谁是最可爱的人》。（板书课题）

二、感知"最可爱"

看到文章题目，你们最想了解什么？（针对题目你们能提出什么问题？）

生：最可爱的人是谁？

生：为什么说他（们）是最可爱的人？

生：文章写了他们哪些事？表现了他们哪些精神品质？作者写这篇文章要表达什么情感？

师：我们这节课一起来解决这几个问题？最可爱的人是谁？

生：志愿军战士。

师：你们的理解真准。是从哪一段找到的？

生：文章第2段。

师：请你来朗读第2段。

（生读。）

师：你的朗读体现出一种自豪感。为什么说他们是最可爱的人？请从第3段中找出相关语句，读一读。

生：我找的是第3段，我给大家朗读一下。

师：你读出了"可爱"，没有读出"最可爱"，请再读一遍。

（生读。）

师："品质""意志""气质""胸怀"这些词体现了志愿军战士的崇高和伟大，朗读中可以重读，在此基础上，还要重读"那样地"以表现作者的深情。（如果学生没读好，教师范读）这位同学，请你试着将修饰语重读一下试试。

（生读。）

师：同学们再来关注一下连词的运用，我删去每一句话中"和"字及后面的文字，你们觉得可以吗？

生：感觉不完整，也不能体现作者对志愿军战士的高度赞扬。

师：连用几句最简洁的语言高度概括战士的品质，这是什么句式呢？

生：排比。

师：相信大家都知道排比的好处？

生：增强语势，能给人铿锵有力之感。

师：你的表达很准确，请大家朗读一遍，读出强烈的语势。

（生读。）

师：这几句抒情议论句就是直抒胸臆来表达对战士的赞美。我们再来试试，请大家读出赞美之情。

（生读。）

师：文章除了直接表达对战士的赞美之外，还运用了记叙、描写的事例来体现。文章写了哪几件事例呢？请用小标题的形式来回答。

（生浏览课文。）

生：松骨峰战斗。

生：马玉祥火中救助朝鲜儿童。

生：防空洞谈话。

三、理解"最可爱"

（一）那文

师：为什么说三个故事的主人公是最可爱的人？请同学们先自己思考，然后小组讨论。

学生根据导学案的提示进行自学，然后小组讨论：为什么说三个故事的主人公都是"最可爱"的人？请在文中画出场景、细节的句子，批注你的理解。

（1）小组展示时可以个人展示，可以几人展示，以有创意的形式展示小组的智慧。

（2）可以先朗读再谈理解，也可以先谈理解再朗读。谈理解建议使用总分结构，用条理清晰的表达展示结论。

例如，我们小组从战斗时的紧急状态体会到志愿军战士的可爱。请大家看到第5段，请××同学先来朗读。

"当他们赶到书堂站时……阻住敌人。"

从"匆匆"一词中可以看出时间紧迫，准备不足；"很低""光光"体现地形不占优势。在这种情况下，战士们奋不顾身，英勇作战，大无畏的精神让他们成为最可爱的人。

第1个事例：体会数词、动词、镜头画面描写的作用（关注第5段）。

第2个事例：从马玉祥的语言、动作描写以及环境描写体会人物精神（关注第11段）。

第3个事例：画出人物对话的语句，体会每组对话所表现的人物品质（关注第13段）。

（学生默读课文做批注，然后小组讨论。）

师：哪个事例给你们的印象最深？

生：第一个事例。

师：让我们先来看第一个事例，大家可以利用小组的形式进行交流。哪个小组先来？

生：我们小组从敌人死伤惨重体会到志愿军战士的可爱。请大家看到第5段，请××同学来朗读。

生："敌人的死尸像谷个子似的在山前堆满了。"

生：运用比喻，把"敌人的死尸"比作"谷个子"堆满山前，生动形象地写出了敌人死伤严重，表现了志愿军战士的勇猛，这种刚强的意志所体现出来的英雄主义精神，使他们成为最可爱的人。

师：你抓住"像谷个子似的"这一描写，从修辞的角度来体悟非常好。试着读出死伤惨重的感觉，可以把"堆满"重读。

（生读。）

生：我们小组从双方实力悬殊的情况下志愿军战士依然英勇顽强，体会到志愿军战士的可爱。请大家看到第5段，请××同学来朗读。

生："敌人为了逃命……汽油弹的火焰把这个阵地烧红了。"

生：这句话的"汹涌""卷""打翻""烧红"等词语的准确运用，"32架飞机""10多辆坦克"，还有"8个小时""打死了300多敌人"，描写了战斗的激烈与残酷以及敌人进攻的疯狂，再现了松骨峰战斗的残酷与壮烈，烘托了志愿军战士的英雄无畏、坚韧顽强、伟大高尚。这种英勇顽强的战斗精神让他们成为最可爱的人。

师：在这部分中，一个色彩词"红"的运用，形象生动地写出作战时火光冲天、血流满地的场面。如果再给"松骨峰战斗"这个故事的标题添加一个修饰语，你们会用哪个字？

生：血战松骨峰。

师：请你试着读读这场战斗的惨烈。

（生读。）

师：这让我想到"黑云压城城欲摧，甲光向日金鳞开"。

生：我们小组从战斗时战士们没有武器仍然坚持战斗，体会到志愿军战士的可爱。请大家看到第5段，请××同学先来朗读。

生：我朗读的是第5段，"这时候……也把占领阵地的敌人烧死。"

生："摔""扑""抱"这几个动词体现了志愿军战士作战时对敌人的

勇猛和顽强。即使子弹打光，在这种情况下，战士们仍然奋不顾身、英勇作战、顽强到底的精神让他们成为最可爱的人。

师：在同学们的朗读中，我感受到了紧张的气氛和战士们的愤怒。老师再换一种方式，若是要在这些动词前加修饰词，你们会加些什么？

生："狠命地""猛地""紧紧地"。

生："全力地""死死地"。

生："用力地""拼尽全力地"。

师：这几个词有什么共同特点？

生：用力。

师：请这位同学把原来的段落读出来，将几个动词读得有力一些，体现当时志愿军战士的奋勇杀敌。

（生读。）

师：此刻战士们的子弹已经打光了，但仍然顽强战斗，这是一种革命胜利大于天的家国情怀。面对强敌，战士们不惜牺牲自己的生命。这些动词极富表现力，请你再读一遍，注意关注动词表现的情感。

（生读。）

师：这位同学通过重音读出了战士们对敌人的仇恨。哪个小组再分享一下你们的理解？

生：我们小组从战斗最后战士们遗体的壮烈场景体会到志愿军战士的可爱。请大家看到第5段，请××同学先来朗读。

生："还有一个战士……以致把有些人的手指都掰断了。"

生：通过几个动词写出烈士遗体的姿势，"紧握""衔""扣""抱"抓住的是强烈的画面感，运用细节描写体现志愿军战士对敌人的仇恨。志愿军战士这种奋不顾身、英勇杀敌的英雄气概和顽强拼搏的精神让他们成为最可爱的人。

师：这几句话有画面感，能让我们联想到战士们与敌人殊死搏斗的情景，即使到了最后一刻，战士们仍然用尽全力，这种壮烈的场景让我们为之震撼。在最后时刻，目标只有一个，那就是杀死敌人！松骨峰战斗的战士们，有的带伤归来，有的长眠于此。

老师想找一个同学来配乐朗诵，大家推荐一下。

（生读。）

师：在松骨峰战斗中，这群战士用自己的生命谱写了一曲赞歌，作者利用环境的渲染，让读者身临其境；利用对人物的多样化描写，再现战争场景。志愿军战士因为对敌人的无比仇恨和英勇无畏、坚韧刚强的英雄主义精神而成为最可爱的人。（板书：英雄主义）

这群战士不仅有对敌人的"恨"，也有对朝鲜人民的"爱"。我们再来看第二个主人公马玉祥为什么会称为"最可爱的人"？

生：我们小组从马玉祥救助小孩时环境之恶劣体会到志愿军战士的可爱。请大家看到第 11 段，请××同学先来朗读。

生：我与大家分享的是第 11 段，"他走到屋门口……门窗的纸边已经烧着。"环境描写体现当时的火势之大，在这种情况下，马玉祥仍然去救小孩，这是国际主义精神。

师：对，这种爱是没有国界的，是散发着耀眼光芒的一种大爱。

生：其实环境描写还有"有几间房子着火了，火又盛，烟又大，不敢到跟前去"，渲染环境之恶劣，体现在这样的环境中马玉祥依然奋不顾身救人的英勇之举。

师：关注人物所处的环境，其实文中的环境描写还有好几处，你们能找到吗？

（生回答。）

师：反复写烟火，有什么作用呢？

生：反复写烟火之大，来体现冯玉祥的舍己救人、忘我无私。

生：我们小组从马玉祥救助小孩的艰难体会到志愿军战士的可爱。请大家看到第 11 段，请××同学先来朗读。

生："我的眼也睁不开……跳出门去。"

生：通过几个动词写出当时救助孩子的艰难，在这样的情况下继续救人，冯玉祥真是一个善良的人。这种善良、心存大爱的精神让他们成为最可爱的人。

师：同学们，我把刚才这段文字"摸"换成"看"，如何？大家看看和原文比较有什么不同。

（生回答。）

生：我们小组从马玉祥从"炮兵连"转到"步兵连"体会到志愿军战士的可爱。请大家看到第 10 段，请××同学先来朗读。

生："在炮兵连不是一样打敌人吗？"

"那，不同！"

"离敌人越近，越觉着打得过瘾，越觉着打得解恨！"

生：利用语言描写体现马玉祥的忘我无私。"那，不同！"利用短句体现主人公的勇敢。老妈妈的房子被炸毁了，搭了个窝棚又被炸毁了，于是他提出由"炮兵连"转到"步兵连"，这种无私的精神让志愿军战士成为最可爱的人。

生："他长着一副微黑透红的脸膛儿……眼里的红丝还没有退净。"他的长相与秋天田野里的"红高粱"有相似之处，体现了他的淳朴可爱，可以看出作者对他的赞美之情。

师：就是这样一位淳朴的战士，却用自己的行动诠释人间大爱，让我们为之感动。环境描写的作用之一就是凸显人物的性格，本段通过对火势大的描写，体现了志愿军战士救小孩的危急。通过动作描写、心理描写写出了马玉祥的善良、纯洁与高尚以及对朝鲜人民超越国界的大爱，这种爱散发着人性的光芒而使其成为最可爱的人。（板书：国际主义）

师：大家看第三个事例，这位战士为什么会成为最可爱的人呢？

生：我们小组从条件艰苦但志愿军战士却很乐观的状态，体会到志愿军战士的可爱。请大家看到第13段，请××同学先来朗读。

（生读第一组对话。）

生：利用对话来体现志愿军战士的乐观，自己受苦不算什么，想到的却是祖国人民，这种舍身忘我的精神让志愿军战士成为最可爱的人。

师：你能具体说一说吗？

生：如吃雪、蹲防空洞，虽然生活很苦，但是不叫苦，还能坦然面对。

师："言为心声"，战士们毫无怨言，笑的背后是把所有的苦吃尽，为祖国的人民争取幸福。

生：战士的责任感使志愿军战士成为最可爱的人。

师：说得具体点。

生：第2组对话中体现了志愿军战士想回去又不能回去，为了国家百姓选择坚守，时刻把百姓的安危放到第一位。

师：第二次"笑"是在"我"问他"你想不想祖国啊"之后，这"笑"的内涵同样蕴含在答话之中，战士们的责任是抗美援朝，更是保卫国家。这是舍己为人，舍小家为大家的一份担当。

生：我们小组从志愿军付出多、索取少体会到志愿军战士的可爱。请大家看到第 13 段，请××同学先来朗读。

生读第 3 组对话。

生：志愿军战士在战场上拼死拼活、奋不顾身，最后只要一块"朝鲜解放纪念章"，这种奉献精神让志愿军战士成为最可爱的人。

师：战士在异国他乡牺牲，所要求的只是一枚普通的"朝鲜解放纪念章"。这枚纪念章的意义是什么？

生：对自己去援朝的肯定。

生：这是作为一个中国人尊严的象征。

师：抗美援朝战争艰苦卓绝，志愿军战士最想要的仅仅是一枚纪念章，这种视国家荣誉为生命甚至胜过生命的价值追求令人动容。

（幻灯片显示）

军人荣誉，铁血铸就。

这枚朝鲜解放纪念章——

是战士浴血奋战、抗美援朝的见证，

是对战士舍生忘死、保家卫国的最高礼赞。

这样的战士多么朴实，多么谦逊，多么可爱。这是一份时时刻刻想要祖国人民幸福的崇高信念。他们是军人，他们的血液里流淌着一种信仰。

第 3 个例子利用对话推进，通过朴实的话语、神态描写，展现了战士们为了人民幸福而吃苦的苦乐观、时刻将祖国人民交给的使命放在心上的责任感。战士将爱国内化于心的精神使其成为最可爱的人。（板书：爱国主义）

这也体现了通讯特点：（幻灯片出示相关内容）

第一，通讯要选择价值、意义含量较大的真实典型材料。

第二，通信内容讲究场面和细节描写。

（二）那情

师：同学们，本篇通讯除了记叙、描写的文字外，每个事例结束后，都有一段集中的议论、抒情性段落，大家能找出来吗？

（学生找出第 8 段、第 12 段、第 14 段。）

师：这几段能删掉吗？

生：不行，这些内容表达对战士的赞美。

师：我对第 8 段做如下修改，"我觉得我们的战士是可爱的，我以我们的祖国有着这样的英雄而自豪。"可以吗？

生：不可以。反问句，加强了肯定语气，语气强烈，赞扬了志愿军战士的精神，引起读者深思，引起读者共鸣。修改之后是陈述句，没有上述表达效果。

师：请试着读出你们的理解。

（生读。）

师：还有哪几段？

生读第 12 段、第 14 段并分析：第 14 段的抒情、议论较之前两段是情感最充沛的，反复修辞"他们是历史上、世界上第一流的战士，第一流的人！"和感叹句的有效融合，更强烈地表达了对志愿军战士的高度赞颂，体现了作者对志愿军战士的崇敬之情。

师：第 14 段中写道，我们战士的可爱是因为"灵魂"高贵，"灵魂"一词是对"品质""意志""气质""胸怀"的高度概括，因为"灵魂"高贵，而成为"第一流的战士、第一流的人"，所以他们是最可爱的人。

这些句子运用了抒情和议论的表达方式，融入了作者炽烈的感情，抒发了对志愿军战士骄傲与自豪之情：①从结构上说，这些句子标志着每个事例的结束，起到了连接上下文与过渡的作用。②从内容上说，起到了感染读者、使读者感情与作者产生共鸣的作用。

那是一个充满光辉的时代，这些战士们是那个时代最可爱的人，最后让我们一起向这群志愿军战士致敬！

（幻灯片出示相关内容。）

> 抗美援朝跨国门，鸭绿江上啸马奔。
> 保家卫国雄心在，何惧无回踏征程。
> 志愿军队敢挺身，舍生取义皆成仁。
> 豪情无畏真精神，是吾伟大中国人。

四、再寻"最可爱"

师：战争年代，志愿军战士是最可爱的人。正是有了他们的浴血奋战，才拼来了山河无恙、家国安宁。新时代，社会赋予了"最可爱的人"更为丰富的内涵，你们认为新时代还有哪些人也可以称作"最可爱的人"？试着说说你们的理由。

生：在这次新冠疫情面前，医护群体冲在了最前面，他们抗击病魔，抵御风险。

师：他们因为具备这种舍小家、顾大家的情怀而成为最可爱的人。

生：解放军在和平年代依然承担着保家卫国的重任，这种有担当的精神而使其成为最可爱的人。

师：在我们的生活中，每个职业都有杰出的人，这份对职业的坚守、信念的坚持、忘我的奉献使他们成为最可爱的人。

质朴夙愿　尊严象征

——《台阶》教学设计

教学目标

1.朗读课文，梳理情节

2.跳读课文，品读形象

3.悟读课文，把握主旨

教学重点

品读父亲的形象，学习塑造人物的写法。

教学难点

学习用细节刻画人物的方法。

教学过程

一、导入新课（课前用崔京浩的歌曲《父亲》导入）

　　父亲在家庭中的角色是不可或缺的，父亲是家里的顶梁柱，再苦再累也默默承受。从朱自清的《背影》中，我们看到了坚韧的父亲，不善言辞的父亲。今天，让我们一起走进李森祥的小说《台阶》，一起来了解这个与众不同的父亲。

　　（设计说明：课堂伊始，利用歌曲来创设情境，让学生对父亲的形象有认同感，为后面的学习奠定基础。）

二、整体感知

1.结合注释，大声地朗读课文，积累重点字词，把不懂的地方勾画出来

2.试着用一句话概括文章的主要内容

学生思考后交流：

（1）掌握下列字词的读音和字形。（幻灯片出示相关内容）

凹凼　尴尬　涎水　黏性　硌　撬

（2）明确以下内容。

本文主要讲了父亲用毕生精力建造了一栋有高台阶新屋的故事。

故事情节：想建台阶——准备建台阶——建造台阶——建成台阶。

（设计说明：本环节主要检测学生对文章的基本预习情况，了解学生的学情，对文章的整体感知做到心中有数。）

三、品味文章的形象美

（一）探究父亲的人物形象

小说的要素之一是塑造人物，本文的中心人物是父亲。请同学们默读课文，结合具体的语句来谈谈父亲的形象。

示例："他的脚板宽大……父亲才在家里洗一次脚。"

理由：从"裂"和"嵌"这两个词让我感到，父亲一辈子受了再多的苦和累，也没有丝毫的埋怨，他都默默地承受着，可以看出父亲的吃苦耐劳。

学生先自己思考，然后小组讨论，教师再进行点拨，加深学生的理解。

（1）"父亲的准备是十分漫长的……但他做得很认真。"

理由：在这一个段落中运用表示时间性的词语"今天""明天"、动词"捡"、量词"一片"，让我们感受到父亲建造台阶的过程是漫长的。但是对父亲来讲这就是一种信念，这种信念就是尊严的象征。我看到了一位坚忍、顽强的父亲，同时也表现出父亲建造房子的决心与信心。

（2）"一年中他七个月种田……剩下半个月用来过年、编草鞋。"

理由：从"七个月、四个月、半个月、剩下的半个月"，可以看出父亲为了实现自己的目标每天都在劳动，每天都在为目标而奋斗。他把一年的时间安排得很满，几乎没有休息的时间，让我看到了一位勤劳的父亲。

（3）"造屋的那些日子……他又起床安排第二天的活。"

理由：几个时间性的词语"白天，晚上，半夜"，表现出父亲为了建台阶吃苦耐劳、不怕困难、起早贪黑，甚至不顾自己的身体，体现了父亲坚持不懈的精神，也可以看出他对建成台阶的渴望。

（二）"我"对父亲有怎样的感情呢？

（学生交流探讨。）

明确：从前面的分析中可以看出"敬仰"，从最后的3个自然段中可以看出"同情"。父亲年老了，我也成长了，"我"也要挑起家庭的重担。父亲建造台阶的过程实际上也是"我"成长的过程，"我"见证了父亲的辛劳。

（设计说明：父亲的形象是本文的重点，主要是结合句子进行多样化的品读，从品读中理解父亲的形象，在对形象的体悟中理解作者蕴含的情感。）

三、感悟文章的内涵美

（一）为什么以"台阶"为题目

（生互相交流。）

（1）线索。本文以台阶为线索，穿起了整篇文章。（板书：线索）

（2）台阶也是这一家人亲情的聚焦点。（板书：聚焦点）父亲的优秀品质和一家人朴实的亲情从字里行间流露出来。

（二）模仿句式说出自己眼中的"台阶"

（幻灯片出示相关内容）

为了台阶，父亲付出了岁月，

为了台阶，父亲付出了……

学生思考交流：

为了台阶，父亲付出了汗水；

为了台阶，父亲付出了青春；

为了台阶，父亲付出了健康；

为了台阶，父亲付出了人生。

（设计说明：本环节重在理解的文章题目，利用仿写来提高对文章的理解，加深对文章内涵的品悟。）

四、拓展延伸

1.父亲仅仅是指一个人吗

明确：小说中的形象往往是一类人的代表。（幻灯片出示辅读资料）"父亲"这样的形象，在那个特殊的年代里，在我生活过的农村，处处都有。实际上，"父亲"就是那个特殊的年代中，为了家庭、为了生存，一直奋斗不息的中国式农民的代表。他们骨子里有着中国农民的朴实、厚道，他们用行动赢得别人的尊重。也许，他们为了生存付出毕生精力来建造一座房屋，现在看来是很难让人理解的，但这种靠自己的努力来赢得尊严的行为是值得我们敬佩的。以父亲为代表的出身穷苦但依然保持向上力量的广大农民群体，正是中国的筋骨和脊梁。

（教师板书：筋骨和脊梁）

2.读一读这首诗——《父亲》（出示幻灯片）

教师小结：父亲老了，我长大了。我要承担这个家庭的重任，我要实现新的"台阶梦"。其实，在我们每个人的心中都有"台阶"，我们的人生就是一级一级的台阶，每个人都希望找到自己的高度！

向大家推荐周国平的《妞妞——一个父亲的札记》，让我们再次在阅读中起航，收获并成长！

（设计说明：一篇文章除了要明白写的是什么，还要明确为什么这样写。本环节首先要引导学生理解作者的写作目的，以一个人影射一群人，然后鼓励学生继续阅读，在阅读中丰盈自己。）

（此教学设计发表于2012年第4期的《语文教学通讯》）

《台阶》教学实录

有人说，父母是我们一生的财富，是我们一生的避风港，父母陪伴我们走过风雨，感受阳光雨露。今天，让我们一起走进李森祥的小说《台阶》，一起聆听他对"父亲"的诉说。（板书课题）

一、走进文本，感知情节

师：谁能把这些字词读一读？（幻灯片出示字词）

凹凼　尴尬　涎水　黏性　硌　撬

（生读。）

师：谁能用一句话概括文章的主要内容？

生：本文写了父亲想建造一座高台阶。

生：本文写了父亲用毕生的经历建造高台阶的故事。

师：第二位同学用了修饰语"毕生"，突出了父亲为实现目标的辛苦。看来适当用修饰语概括文章的内容能够使我们的概括更准确。我们一起来理顺小说的情节。

生：想建台阶，准备建台阶，建造台阶，建成台阶。

二、深入文本，研读人物

师：看来同学们对小说的脉络很清楚了。请同学们跳读课文，找出相应的段落或者句子谈谈父亲留给你们的印象。

（学生默读课文做批注。）

师：谁能谈一下自己的见解？

生：最让我感动的是51页第5自然段，（生读并点评）这一段是对父亲的脚的细节描写，让我看到一位用毕生精力实现奋斗目标的父亲，他没有埋怨，没有向命运屈服。

师：是的。你能具体说说哪几个词最让你感动吗？

生："裂"和"嵌"。

师：请同学们把这两个动词勾画一下，请这位同学试着重读一遍。

（生读。）（板书：辛苦）

师：哪位同学还想与大家交流？

生：我与大家交流的是第51页第10自然段，（生读并点评）从准备过程的漫长可以看出父亲的执着与坚忍，"捡"字能够看出父亲的艰辛与不服输，最后一句的"认真"其实也是"儿子"对父亲最好的评价。

师：你的分析很到位，这段不仅体现了父亲的执着与坚忍，也体现了父亲的顽强与认真。（板书：顽强、认真）

生：第51页第11段，（生读并点评）父亲把一年的时间都安排得很满，几乎没有休息的时间，让我看到了一位勤劳的父亲。

师："七个月、四个月、半个月、剩下的半个月"，可以看出父亲为了实现目标每天都在劳动，为目标而奋斗。（板书：勤劳）

生：最让我感动的是第51页第13段，（生读并点评）父亲用专注的目光望着属于自己的魂牵梦萦的台阶，柳树枝的摇动也动摇不了他的梦想，动摇不了他的心。我读出了一个有志气的父亲。

师：文中描写别人家的台阶用了一个什么词？

生（齐答）：高高的。

师：此时父亲的心理是怎样想的？

生：羡慕。因为父亲知道，台阶高，屋主人的地位就高。

师：老师表扬你读课文的专注，从父亲那专注的目光中我们看到了一位想通过自己的努力来证明自己价值的父亲，活得有志气，活得有尊严。（板书：有志气）

生：第52页第17自然段，（生读并点评）父亲为建台阶吃苦耐劳、不怕困难、起早贪黑，甚至不顾自己的身体，表现他坚持不懈的精神，也可以看出他对建成台阶的渴望。

生：我找的是第52页第19段，（生读并点评）头发艰难地"挑"着小水珠，说明干活时间长，写出了父亲用肩膀挑起了一个家，他不辞辛劳地为家付出一切，他是一个称职的好父亲。

师：这位同学读出了自己深刻的见解，此时父亲建台阶的愿望已不是实现个人的目标，而是承担着一个家庭的使命。我们还可以从修辞的角度进行品析，运用比喻句不仅可以看出父亲踏黄泥的时间之长，也暗示了他在院子里劳动了好长时间，家人还没起床，我们看到了一种为家庭付出的责任和使命。

生：我交流的是第 54 页第 28 段，（生读并点评）我看出父亲不服输，明明身体出现了问题，还很不愿意别人替他干活，很要强。

师：你读出了父亲的要强，实际上也是父亲有志气的体现，他不想让别人看到他软弱的一面。这个句子中哪几个词重读，效果更好呢？

生："粗暴""不要"。

师：试着读读。

（生读。）

生：最让我感动的是第 53 页第 22 段，（生读并点评）父亲受了伤仍然不服输，仍然坚持干活，我看出了一位倔强的父亲。

师：你的总结很贴切。（板书：倔强）

生：第 53 页第 21 段，（生读并点评）我觉得文中的父亲为了自己的理想真是将身体健康都搭进去了，我也能看出父亲很谦卑。（板书：谦卑）

生：我找到的是第 51 页第 9 段，（生读并点评）这位父亲留给我的印象是朴实、厚道。

师：你主要从哪一个词看出来的？

生：低眉顺眼。

师：什么意思？

生：低着眉头，两眼流露出顺从的神情。形容驯良、顺从。

师：老师要表扬你的自学能力。在这里我们可以看出父亲平时在村子里从不与人争执，是老实人，体现了农民淳朴、善良的本色。（板书：淳朴、善良）

师：还有让你感动的段落吗？

（生沉默。）

师：老师也找了一处与大家分享，第 53 页第 24 自然段（幻灯片出示原文）。

请同学们先朗读一遍。（学生齐读）老师用不同的颜色标出自己对这几句话的认识，"隔天，又隔了几天，再隔几天"能够看出运用了表示时间的词语，"用手、用细木棍、大脚板"能够看出所用的工具一样比一样重、有力量，"按一按，敲了敲，踩了踩"能够看出一样比一样用力，"硬了硬了，实了实了，全冻牢了"说明台阶越来越牢固，这些词语写出了父亲在台阶即将建成之时的喜悦与自豪。那我们在读最后一句时，我们要读得舒缓一些，因为父亲是一个老实厚道的人，他没有豪言壮语，句句朴实的话透漏出朴实的性格。

（教师根据学生回答的关键词画出台阶的形状。）

三、俯瞰文本，升华主题

师：我们一起学到这里，同学们还有不懂的问题吗？

生：台阶建好后，父亲心里本应是高兴的，为什么神情却是尴尬的笑？

生：为什么台阶建好后，感觉有些不对劲？

师：那我们把这两个问题合并一下，就是台阶建好后，为什么感觉一切不自然？

生：为什么前面要写青石板的来历？

师：那我们先来解决"为什么小说要写青石板的来历"，大家先把第2个自然段读一遍。（学生读课文）谁能帮他解决这个疑问？

生：这一段写了父亲年轻时可以背青石板，还觉得没有花大力气，年轻力壮，而后来台阶建成后父亲却老了。

师：你思考得很有深度，学会了从课文中前后联系。那三块青石板又是怎么来的？

生（齐答）：父亲背来的。

师：对呀，这里我们看到了年轻力壮的父亲。文章的后面有一个细节写看到父亲不小心闪了腰，身体状况前后形成对比，使父亲的形象更可敬。刚才那位同学明白了吗？（学生点头）那第二个同学的问题：台阶建成后，父亲明明应该高兴，为什么觉得很不自然？谁能帮这位同学解答一下？

生：我觉得是父亲低眉顺眼了一辈子，对于地位的突然提高不适应。

师：你抓住了前面出现的关键词"低眉顺眼"，其实我们也能看出父亲的谦卑，一辈子地位低下，突然地位高了心理接受不了，台阶低留下的心理阴影一时难以消除。

生：父亲的理想终于实现了，面对自己的成绩，作为农民的父亲有些接受不了，我认为这是正常的心理，仿佛又有许多新的目标看着他。让我们更能看出他的朴实、憨厚。

师：当这个目标达成之后，一切还要归于平静，父亲仍然还要过普通人的生活，朴实憨厚中有一种谦卑心理。很感谢这几位同学的发问，让我们对文章有了思考的深度。文章是有温度的，那"我"对父亲寄予了怎样的感情呢？

生：敬仰、尊敬。

师：除此之外，还有怎样的情感？

（生沉默。）

师：那我们一起来看最后3段，我们先来齐读一遍。（生读课文）同学们看最后一句，"怎么了呢？父亲老了。"我们还能读出什么？

生：最后一句可以看出父亲为了建造台阶整个人都衰老了，我面对年迈的父亲更多的是同情与怜悯。

师：父亲年老了，"我"也成长了，"我"也要挑起家庭的重担。父亲建造台阶的过程实际上也是"我"成长的过程，"我"见证了父亲的辛劳，为父亲建造高台阶付出毕生精力而感到深深的同情。（板书：同情）

师：这篇文章表现的是父亲，为什么题目是"台阶"？

（生互相交流）

生：以"台阶"为题更能体现父亲的高贵品质。

生：这篇文章都是围绕"台阶"来展现父亲的性格。

师：实际上我们在读本文时能感觉到作者清晰的思路，想建台阶——准备建台阶——建造台阶——建成台阶。本文以"台阶"为线索，穿起了整篇文章。（板书：线索）

生：这篇文章不仅仅体现了父亲的优秀品质，同时也见证了父亲对理想的追求以及他的尊严。

师：他想用自己的行动赢得尊重。他建造的台阶，不仅是一个人的目标，还是一家人的目标，字里行间让我们感受到一家人浓浓的亲情。你能找到相应的段落吗？

生：第 51 页第 5 段。

师：我们齐读第 5 个自然段。（学生齐读）那这一家人的感情怎样？

生：温馨，和睦。

师：对呀，"台阶"其实也是这篇文章的情感触发点。（板书：触发点）它既是父亲奋斗终身的目标，也是一家人赢得尊重的象征，大家的分析让我们对父亲这一形象有了更深刻的认识。看来研读课文对我们分析能力的提高确实有好处，不仅可以了解故事情节，而且对人物形象也能够有更深入的理解。

师：请同学们模仿这个句式说出你们对台阶的理解（幻灯片出示相关内容）。

为了台阶，父亲付出了岁月，

为了台阶，父亲付出了……

生：为了台阶，父亲付出了汗水。

生：为了台阶，父亲付出了青春。

生（齐答）：为了台阶，父亲付出了汗水；

为了台阶，父亲付出了青春；

为了台阶，父亲付出了健康。

师：为了台阶，父亲付出了健康，为了台阶，父亲付出了一切，那同学们，作者写这篇文章仅仅是为了赞美一个父亲的形象吗？

（生摇头。）

师：小说中的人物形象来源于生活，又高于生活，往往通过人物来揭示社会的某一层面。塑造人物不是为了刻画一个人，而是为了刻画某一类人。（幻灯片出示辅助材料）

（生默读材料。）

师：实际上，"父亲"就是那个特殊的年代中，为了家庭、为了生存，一直奋斗不息的中国式农民的代表，他们骨子里有着中国农民的朴实、厚道，他们用行动赢得别人的尊重。也许，他们为了生存付出毕生精力来建造一座房屋的行为，现在看来是很难让人理解的，但这种靠自己的努力来赢得尊严的做法是值得我们敬佩的。以父亲为代表的出身穷苦但依然保持向上力量的广大农民群体，正是中国的筋骨和脊梁。

（教师板书：筋骨和脊梁）

师：来读一读这首诗——《父亲》（教师根据课文改写）。

师：记得《爸爸的花儿落了》这篇小说中，父亲的离世让小英子长大了，不仅是年龄的增长，更重要的是精神的成长。同样，《台阶》这篇小说文末写到"父亲老了"，其实也在暗示"我"长大了。作为一个家庭的后代，也知道以后心中的"台阶"是什么。

（此教学实录发表于2015年第2期的《中学语文教学参考》）

含英咀华　心怀愧怍

——《老王》教学设计

教学目标

1.朗读课文，认识老王其人

2.品读课文，学习刻画人物

3.悟读课文，体会愧怍情怀

教学重点

品读课文，学习刻画人物。

教学难点

悟读课文，体会愧怍情怀。

教学过程

一、开门见山导入

我们今天来学习一篇散文——《老王》

二、整体感知，认识老王

用填写档案的方式认识老王。

要求：阅读全文，选取语句，将老王档案填写完整。

老王档案	
姓名	
工作单位	
婚姻状况	

从事职业	
身体状况	
家庭成员	
家庭住址	
人际往来	

（学生填写表格并交流。）

教师出示示范表格，重点引导学生多次品读带"只"的语句。

老王档案	
姓名	无（有姓无名）
工作单位	无（单干户）
婚姻状况	无（"老光棍"）
从事职业	靠着活命的只是一辆破旧的三轮车
身体状况	只有一只眼，另一只是"田螺眼"，瞎的； 那只好眼也有病
家庭成员	有个哥哥，死了； 有两个侄儿，"没出息"
家庭住址	荒僻的小胡同 有几间塌败的小屋
人际往来	老李，杨绛

师：从大家的分析中我们了解了老王的各种社会关系和生活状况，我们重点品读"只"这个字，大家联系一下具体语句，相互交流一下，这个"只"字有什么特别的意思？

预设。回答：

（1）只，表示唯一，仅有，除此之外就没有了。

教师追问：也就是说，

没有三轮车，老王就——

没有这只眼，老王就——

没有这句话，老王就——

（2）"只"表示非常无奈，没有办法，含有被迫的意思，不想做但还要做。

教师追问：这些都是从意思上来进行的品析。我给大家讲讲"只"字的由来，可能大家会有别的发现。

篆文 𠮟，上面是一个"口"，表示嘴巴；下面一个"八"，是"兮"的省略。其造字本义即无奈叹气。

谁在叹气？——杨绛。

如果你是杨绛，觉得老王是_____的。

（设计说明：语文学习最基本的特征是工具性与人文性的统一。本环节主要是检查学生的预习情况，解决学生对课文的整体感知，为后面文章的学习奠定基础。）

三、跳读课文，梳理老王其事

（1）"我"和老王属于什么关系，从文中找出相关语句。

（生回答。）

教师点拨："他蹬，我坐"，从中可以看出双方的身份，"我家"和老王是"雇佣"关系。

（2）下面从雇佣与被雇佣的关系角度聚焦我和老王之间的故事。

要求：跳读课文，概括老王为我们家做了哪些事？这些事情是不是属于雇佣与被雇佣的关系？

生交流：

送冰——送冰比前任送的大一倍，冰价却相等。

送人——老王帮我送默存去医院却坚决不肯拿钱。

送鸡蛋香油——在生命垂危之际，却送来鸡蛋和香油。

教师点拨：前两件算是，但是里面明显带有比单纯的雇佣更进一步的关系。尤其是第三件事，完全超出了雇佣与被雇佣的关系。"他送的冰比他前任送的大一倍"，并且给我们"车费减半"，从中可以看出老王是一个"实在"人，童叟无欺，值得信赖。

如果你是杨绛，觉得老王是_____的。

（生回答。）

教师点拨：帮杨绛送默存就医，却关心我们是不是有钱，不收钱体现了老王对杨绛的敬意，"拿了钱却还不大放心"可以看出老王对杨绛一家的同情。虽然老王生活拮据，依旧在杨绛困难时尽力帮助，这已经超出一般意义上的助人为乐。

如果你是杨绛，觉得老王是_____的。

（生回答。）

（设计说明：本环节通过与学生的交流，了解学生对文本的理解程度，及时把握学情，在朗读的基础上理清思路，理解主要内容，突破重点。）

四、精读课文，读懂愧怍

1.思考

再从雇佣与被雇佣的关系看看文中的杨绛为老王做过哪些事情，使得老王在雇佣与被雇佣的关系之外更增加了感恩的色彩呢？

生交流：

（1）我常坐老王的车。

（2）我不让老王送冰时减半收费。

（3）老王送默存去医院，我一定要给他钱。

（4）老王送来香油鸡蛋，不能让他白送，也给了钱。

（5）关心老王的生计（是否能维持生活）。

（6）女儿给老王吃了大瓶的鱼肝油，晚上就看得见了。

2.分析

从杨绛的角度来看以上这些事情，你觉得杨绛如何看待"我"和老王的关系。

（生回答。）

文末说"这是一个幸运的人对一个不幸者的愧怍"，杨绛为什么会感到"愧怍"？下面我们聚焦送鸡蛋和香油这件事，再来审视一下两人的关系，探讨一下作者感到"愧怍"的缘由。

3.重点品读

1）重点品读老王送鸡蛋和香油的段落。

（1）有一天，我在家听到打门……打上一棍就会散成一堆白骨。

学生齐读语段，抓住关键词语或语句谈谈自己的理解。

（学生个人研读——小组交流——班内展示。）

（2）老王直僵僵地镶嵌在门框里。（如果把"镶嵌"换成"站"，好不好？）

教师结合学生的回答点拨："镶嵌"指一物嵌入另一物里，这里写出老王羸弱、行动不便、僵直的状态，此时老王已经病入膏肓，预示着不久要离开人世，同时也体现"我"见到老王时的诧异和同情。而"站"字说明老王还有生命活力，不能体现病情的严重。

（3）说得可笑些，他简直像棺材里倒出来的……打上一棍就会散成一堆白骨。

教师结合学生的回答点拨：作者用比喻的修辞手法，形象地写出了老王因病痛的折磨而变得外表恐怖、干瘦和衰弱。文中谈到说老王的样子"可笑"，其实每个人都是笑不出来的，只会让读者心中隐隐作痛，被他知恩图报、至死不忘的善良而感动。

2）思考：假如你是老王，想象一下自己会是怎样走过来的。

（生回答。）

教师追问：病到如此境地的老王本来可以托老李捎个信，可非得亲自送过来。为什么呢？

生：说明老王很看重杨绛一家，唯有亲自送来才能表达自己最大的诚意。

教师点拨：香油和鸡蛋在我们现在的生活中极其普通，但是在那个时代，香油和鸡蛋是稀有物品。老王所处的时代，属于计划经济时代，物资紧缺，食品、衣服、工业等日用品需要凭借各种票证购买，香油和鸡蛋在市场上属于紧缺品。

3）揣摩老王的心理变化，尝试着为老王补出心里话。（幻灯片出示相关内容）

我强笑说："老王，这么新鲜的大鸡蛋，都给我们吃？"

他只说："我不吃。"

我谢了他的好香油，谢了他的大鸡蛋，然后转身进屋去。

他赶忙止住我说："我不是要钱。"

"我是来＿＿＿＿＿＿＿＿＿＿＿＿＿＿。"

教师点拨：我是来表达谢意的，感谢杨先生一家对我的关心和帮助。

在我的心里，你们就是我最亲的人，我的鸡蛋和香油不是来换钱的，我目前的状况你也知道，没有几天活头了，我要钱有什么用呢？我的一点小心意就是想把自己值钱的一点东西留给我敬佩的人啊。可是我知道，你们都是文化人，都是有身份的人。可是我呢，大字不识，并且名声还不好。但是你们两个不嫌弃我，坐我的车，照顾我，帮助我，在我的心里，你们就是我的亲人啊。

教师追问：杨绛先生怎么做的呢？

生齐读：我把他包鸡蛋的一方灰不灰、蓝不蓝的方格子破布叠好还他……我不能想象他是怎么回家的。

4）教师追问：如果门口站的是杨绛的亲人，你觉得杨绛会怎么做？那为什么对老王不能这样做呢？

（生回答。）

在杨绛的心里，老王是他的最亲的人吗？你从哪里看出来？

（生讨论交流。）

教师点拨：老王以自己淳朴的思维方式，在特殊的年代将杨绛视为亲人，尽力做好自己该做的事情。

文中 "没请他坐坐喝口茶水"，可以看出两人仍然属于不同的空间，空间的距离感并没有因为送香油和鸡蛋而改变，"我" 依旧在最后一面时让他带走布和钱，"我" 和老王也就算是熟人关系，"我" 对老王的情感仍旧停留在 "可怜" 层面。随着岁月的流逝，作者感到自己心里从未把老王放在对等的位置上。自己对老王 "钱" 的回报与老王对自己 "心" 的付出相比较，是那样微不足道，令人自责。

如果你是杨绛，此刻对老王是＿＿＿＿的。

（生回答。）

教师小结：《老王》写于 1984 年，掩卷深思，本文字里行间所体现出来的深情与沉重，人性与世界，值得思考。那个年代缺乏的不仅是物质，还有人性的温暖，自己与老王之间关系不对等，老王却散发着人性的光辉，我却 "拿钱给他"。从我对老王的 "可怜——可信——可敬——可愧（愧怍）"，也可以看出所谓的"愧怍",是一个善良人对另一个善良人的悲悯,是一种善良高贵灵魂的自省。

(设计说明:在语文课堂教学中,体验语言文字的生命质量感,享受语言文字的生命阳光,必须从语言文字和语言表达形式入手,在潜移默化中提高学生的理解深度与广度。本环节重在与学生结合背景材料进行交流的过程中,提高学生对文本的理解深度。)

五、拓展写作

假如你是杨绛,请以她的名义给老王写一封信。

(生写作后并交流。)

(设计说明:《语文课程标准》指出,语文学习具有重情感体验和感悟的特点。我们应该重视语文的熏陶感染作用,注意教学内容的价值取向,同时也应尊重学生在学习过程中的独特体验。本环节将文本的学习转化成文字,沉淀情感,升华对主旨的认识。)

六、推荐阅读

杨绛《我们仨》

杨绛《干校六记》

吴学昭《听杨绛谈往事》

精神引领　永生回忆

——《我的母亲》教学设计

教学目标

1.朗读课文，概括事件

2.精读课文，品读形象

3.悟读课文，把握主旨

教学重点

概括事件，品读形象。

教学难点

悟读课文，把握主旨。

教学过程

一、创设情境，明确目标

用歌曲《烛光里的妈妈》导入，出示本节的学习目标并板书课题。

二、走近母亲

1.结合注释，朗读课文，积累重点字词，把不懂的地方勾画下来

2.用一句话概括文章的主要内容

学生思考后交流：

（1）掌握下列字词的读音和字形（幻灯片出示相关内容）。

眼翳　文绉绉　糜先生　庶祖母

（2）学生读课文，交流后明确以下内容（幻灯片出示相关内容）。

本文主要写了胡适童年至少年时代在母亲的严格要求和深情关爱下成长的故事。

（设计说明：前面环节重在创设情境，激发学生的学习乐趣，明确学习目

标，然后了解学生的预习情况，对文章内容能概括大意。)

三、认识母亲

(一) 理情节

1.本文主要写了哪些事来表现母亲对我的教育和影响的呢

提示：先找出与母亲相关的段落，然后运用简洁的语言来概括。

(学生根据教师的提示先自学，然后以小组为单位进行商讨后发言。)

教师根据学生的回答进行点拨：

第5段：母亲叫我早起，催我上学。

第6段：母亲责罚我。

第7段：母亲为我舔病眼。

第8段：母亲在除夕夜打发大哥的债主。

第9~11段： 母亲化解两位嫂子的矛盾（化解家庭矛盾）。

第12段： 母亲处理五叔的牢骚话。

教师追问：这些事情写了母亲的哪几个方面呢？

(生回答。)

教师根据学生的回答补充：写了母亲对我的管教，作为当家的后母如何处理家庭矛盾，如何对待他人对自己人格的侮辱。

(二) 明结构

从内容上看，就写"母亲"这个人物来说，文章至此已经很完整了。但课文1~3段还写了自己童年的一些经历，这些似乎与写"母亲"无关，谈谈你的理解。

学生有了自己的见解后进行发言，明确：文章前三段写作者的性格特点和童年生活，可以看出他的童年生活比较单调，看书是其主要生活方式，但是母亲"给了我做人的训练"，对我的成长影响巨大。从这个角度来看，前三段从结构上与文末呼应，也对后文写母亲起到了奠基作用。

(设计说明：本环节重在通过梳理文章层次来梳理整篇文章内容，从结构上了解作者的构思，提高对文章的品读能力。)

四、品读母亲

请同学们结合文中的典型事件或生动细节进行批注阅读，说一说从中读出的"母亲"的品格。

提示：可以从关键词、修辞、表达方式等方面。

（学生精读文章后进行深度思考，做批注，组内进行交流，用几个词语来概括母亲的形象。）

教师结合学生回答板书：奉献、外柔内刚、为人友善、宽容、温和、仁慈等。

（设计说明：本环节重在引导学生通过品读来理解文章的人物形象，加强对人物的理解，提高对文章的赏析能力。）

五、评说母亲

（一）悟情感

课文中有一个段落对母亲进行了集中的评价，就是这样一位普通的母亲却影响了胡适的一生，作者对母亲怀有怎样的情感呢？

（幻灯片出示胡适家庭背景资料。）

胡适的母亲冯顺弟 16 岁嫁给胡适的父亲胡传做填房，婚后第三年冬生下胡适。一家三口也曾过着幸福的生活，但父亲胡传在胡适三岁时就病逝了，母亲当时只有 23 岁。后期家族败落，家庭生活拮据，诚如她的儿子所说，"困苦艰难有非外人所能喻者"。就这样，她寡居 23 年后病逝。

（学生可以阐释自己不同的观点，只要能够言之有理即可。）

教师点拨：从胡适的成长经历和后期取得的成就来看，母亲对他影响深远，胡适母亲对胡适来说可谓是慈母兼严父，又是"恩师"兼"严师"。1910年，19 岁的胡适赴美，母亲对他的影响是巨大的。

（幻灯片出示相关内容。）

明确本文的情感：感激、愧疚。

（二）学写法

你们从本文中学到了哪些写作技巧？

学生结合文中的语句具体阐释，教师点拨：

（1）记叙与抒情相融合。

（2）语言质朴，情感真挚。

（3）巧设对比，形象鲜明。

（设计说明：本环节重在引导学生结合写作背景来理解人物，加深对文章情感的理解。总结学习本文的写作技巧，提高学生的写作能力。）

六、感悟母爱

讲述在成长中让自己印象最深刻的一件事，并向妈妈表达自己最真挚的情感。

教师针对学生的讲述进行适当点评。

（设计说明：语文的外延等同于生活的外延，由课内拓展到课外，提高学生的表达能力。）

七、推荐阅读

老舍《我的母亲》

邹韬奋《我的母亲》

朱德《回忆我的母亲》

赵丽宏《母亲和书》

王恒绩《疯娘》

（此教学设计发表于 2014 年第 11 期的《语文教学通讯》）

感悟亲情　细节表达

——《亲情歌吟》教学设计

教学目标

1.多样展示，感受亲情的醇美与深厚

2.唤起学生珍惜亲情的意识，学写亲情文章，用细节描写表达对亲情的理解和赞美

教学重点、难点

学写亲情文章，用细节描写表达对亲情的理解和赞美。

教学准备

1.学生按小组分工，搜集有关亲情的美文、故事、古诗、名言、歌曲、作家作品、图片等

2.形式可以是诵读，可以是写推荐语，也可以是讲故事或演唱，要将内容制成幻灯片，所有的内容要脱稿进行展示

教学过程

一、创设情境，导入新课

(课前播放阎维文演唱的歌曲《母亲》，情境导入) 有一种爱，一直伴随我们左右；有一种情，一生难以忘怀，这就是亲情！从小到大，不管离家多远，父母总是牵挂着我们，我们的平安幸福就是父母最大的心愿。

不知不觉，同学们已经成为初中生了，大家收获的不仅有师生情、同学情，还有萦绕心头的亲情。让我们在阅读的过程中，共同沐浴亲情的洗礼，收获亲情的果实！

(设计说明：在课前播放阎维文演唱的歌曲《母亲》，利用声音、画面激发学生的情感共鸣，从而激发学生浓厚的学习兴趣，为后面的展示提供基

础。)

二、多角度多层面展示亲情

(一) 诵读亲情

1.古诗、名言

形式：齐诵或轮诵，谈感悟。

教师小结：精练的语言，朴实的亲情。不论自己成功还是失败，亲情永远陪伴左右。

2.诗歌朗诵

内容：《纸船》。

形式：谈最喜欢的句子，谈自己的感悟。

教师小结：她的作品充满了对大自然的热爱以及对母爱与童真的歌颂与赞美。她，就是被称为"世纪老人"的冰心。冰心女士的作品文字典雅，思想纯洁。后面我们还要学习她的《谈生命》，让我们一起感悟生命的真谛！

3.经典亲情美文推荐

形式：谈推荐理由。

教师小结：一篇篇饱含亲情的文字，犹如一朵朵绽放的花朵，飘着阵阵清香，使我们的心儿如痴如醉。其实，亲情就是一缕缕绵长的思绪。

4.亲情的优美段落积累

形式：男女轮诵或齐诵。

教师小结：语文的学习需要积累，背诵也是积累文字的良好学习方式，这是一个很好的习惯。相信随着大家的积累，不管是口语的交流还是书面的表达，都会更上一层楼。

(二) 讲述亲情

(学生将事先整合的资料做成幻灯片，每个小组按照不同的形式进行展示。)

1.亲情系列故事一（主要是人与人之间的故事）

内容：肖复兴《母亲》《父爱的高度》；刘益善《田野上的白发》；刘靖安《敲雪》；川端康成《父母的心》。

形式：复述故事情节，讲感悟，给文章写推荐语。

教师小结：一篇篇优美的文章给我们讲述了亲情的故事。感动是我们阅读亲情类文章最大的感受，因为有感动才有真情流露，才能发现生活中的美，才能发现身边处处有关爱。

2.亲情系列故事二（主要是动物之间或者是人和动物之间）

内容：《藏羚羊跪拜》《鹰》。

形式：复述故事情节，讲感悟，给文章写推荐语。

教师小结：《藏羚羊跪拜》的文章结构严谨而自然，文笔朴素而优美，读了让人觉得"缘溪信步，误入桃源"，不仅懂得了道理，而且还为之动情，与作者产生共鸣。这两篇文章所体现的亲情告诉我们要善待生命，仁爱一生。无论是人类还是动物，亲情都会默默地陪伴我们左右。

（设计说明：本环节展示的内容是学生根据已有的阅读基础和网络资源整合而成。在整合的过程中，学生学会了有目标、有方向地提取信息、处理信息、整合信息，从实践层面上讲，也提高了学生的信息素养和语文素养。这样的网络学习过程，既是个性化学习的过程，也是合作共享的过程。网络资源的有效开发和利用，使学生真正成为学习的主人，实现了真正意义上的语文教学的"大容量、快节奏"，而且能够有效培养学生的实践能力，发展潜能。

这一环节，不仅锻炼了学生的口语表达能力，而且还培养了学生在较短的学习时间内筛选信息、获取知识的方法，提高了学生的学习兴趣。学生都能参与到学习活动中，在活动中训练思维，在思维中提高能力，真正体现"自主、合作、探究"的学习模式。

三、议亲情

学生登录学校网络平台，学习朱自清的《背影》，思考哪些细节最让自己感动？它是如何刻画的？学生以跟帖的形式发表自己的见解，小组讨论并形成总结性文字。

教师根据学生的补充点拨如何刻画细节：细化动作，延长过程；运用修辞，画其神韵；变换角度，增加层次；类比联想，添其内涵。

（设计说明：通过网络，教师与学生之间、学生与学生之间都可以随时随地交流，通过交流来迸发出思维的火花。跟帖参与讨论是人与人交流的新方式，可以通过这样的交流方式培养学生使用简洁、明了的语言进行交流的能力。）

四、绘亲情

请用你的笔写下生活中与亲情有关的细节：

（1）周五的放学铃声响了，我随着队伍走出了校门……

（2）时针指向四点，我该返校了……

（3）窗外的雨潲潲地下着，一个身影慢慢走来……

（4）我静静地躺在病床上，妈妈走了过来……

学生根据自己的生活体验，选择一个场景进行写作，并发表在论坛上，要求能够体现细节，并能突出亲情的可贵。

（师生共同点评。）

（设计说明：在"绘亲情"环节，学生将对亲情的细节描写发到班级论坛上。利用跟帖的形式互相交流、借鉴、学习，也是一种新环境下学习的好方法。网络为学生写作提供了丰富的、开放的、多样的资源和形式，提高了语文学习的效率，增进了师生感情，对学生语文学习能力的提高起到很好的促进作用。）

五、作业

制作一张贺卡送给父母，以表达对他们的理解、感谢，主题自定。

（设计说明：语言是人类进行交流和进一步学习的工具，语文是一门工具性学科，让学生在体验亲情的过程中提高语言表达水平。）

双线并行　彼此信赖

——《珍珠鸟》教学设计

教学目标

1.朗读课文，感知内容

2.精读课文，品读信赖

3.读写结合，传承信赖

教学重点

精读课文，品读信赖。

教学难点

读写结合，传承信赖。

教学过程

一、创设情境，引出信赖

(出示文中插图，导入新课) 同学们，让我们一起来欣赏这幅画，从中你感受到了什么？

(根据学生回答，引出课文的中心议题) "人和鸟为什么会这样互相信赖地在一起呢？"现在，让我们走近冯骥才的《珍珠鸟》，来探寻人鸟相互信赖的秘诀吧。

(设计说明：兴趣是最好的老师。创设情境的目的是唤起学生的情感体验，把他们的注意力吸引到主题上，激发学习的兴趣。)

二、初读课文，感受信赖

教师检查预习情况。

1.读字词

雏　呷　垂蔓　眸子　斑斑驳驳

2.连词成段

(设计说明：字词是学习课文的前提，字词的掌握能够为后面的学习奠定基础，也是提高学生语文学习的基础。)

3.整体感知课文

快速浏览课文，看看作者笔下的珍珠鸟留给你什么印象？

这里学生可能会说可爱、活泼、很小、怕人等，让学生读出相关语句即可。

在学生的回答中，有的同学可能找出怕人的特点，教师顺势而问："小鸟一直很怕人吗？它的变化表现在哪些地方？"

这个问题并不难，学生会很容易地找到答案，教师结合学生的回答点拨，自然过渡到第三环节"双线解读，揭示信赖"。

(设计说明：《语文课程标准》指出，语文学习具有重情感体验和感悟的特点。我们应该重视语文熏陶感染作用，注意教学内容的价值取向，同时也应尊重学生在学习过程中独特体验。"要珍视学生独特的感受、体验和理解"，"对学生独特的感受和体验应加以鼓励"。本环节通过与学生的交流，了解学生对文本的理解程度，及时把握学情，感知文章，理解文章的思路。)

三、双线解读，揭示信赖

对于文中的重难点，需要学生探讨，采用小组合作探究的方式来解决，以此来开阔他们的眼界，培养他们的合作精神。课堂进行到这里，教师出示的问题应该是能够使学生思维进一步深入的问题，紧承前面的问题，教师点拨的角度有二：一是鸟信人，二是人爱鸟，两方面结合才有了鸟栖于人肩头的美好境界。

在双线解读第一环节，教师和学生一起探讨：小鸟是如何由怕人到不怕人，从而信赖"我"的呢？

学生结合自己的阅读体验，先自己做批注，然后以小组为单位进行交流，师生共同探讨。

1.鸟信人

结合第 8 段、第 11 段、第 12 段、第 14 段，品读珍珠鸟逐步对"我"产生信赖的语句（可从描写珍珠鸟神态、动作的语句进行品析）。

(生回答，教师点拨。)

(1) 册掉第 8 段中的"一会儿"再与原文加以比较，有什么不同？

分角色朗读课文：第一个"一会儿"由女同学读，第二个"一会儿"由男同学读，第三个"一会儿"由教师读，让我们试着读出小家伙的神气十足！

（师生一起读。）

（2）第11段、第12段，大量运用动词（"蹦""喝""瞧瞧""跑""蹦来蹦去""啄"）、叠词（"嚓嚓""嗒嗒"）来表现珍珠鸟的神态，采用重读和短促读的方式来感悟珍珠鸟的机灵可爱。

（3）对于动词的巧妙使用还有第14段的"趴"字，这小家伙竟"趴"在"我"的肩头睡着了，联系上下文，说说小珍珠鸟趴着的样子。

（生回答。）

让学生尝试做一下小珍珠鸟趴在"我"肩头的动作。

（生模仿。）

教师深入点拨：大家都知道，小鸟一般是站着休息的，用这种方式来保持警惕、保护自己。"巢"是小鸟的必要栖息地，也是小鸟的"家"，可是文中的小珍珠鸟却"趴"在"我"的肩上安然入睡了。"我"甚至轻轻抬一抬肩，它都没有感受到，依旧安稳地睡着了。你们说，这是何等的信赖啊。正是这些动词的巧妙使用，让我们看到小珍珠鸟的变化，让我们感受到了信赖的魅力！

（配乐朗诵，气氛美好，声音柔美、舒缓。）

（生动情朗读。）

2.人爱鸟

由怕人到完全的信赖，小珍珠鸟的变化和"我"的举动不无关系，那"我"又做了哪些事，从而赢得了小珍珠鸟的信赖呢？

学生用跳读课文的方法再次沉浸于课文中，使课文自然推进到第二条线：人爱鸟。

此环节预设的教学点：

（1）第2段：精心为小鸟营造一个温暖舒适的"家"。

（2）满怀热爱呵护小鸟长大。

教师提问：文中多处用到"小家伙"，我们把"小家伙"换成"珍珠鸟"，试试有什么不同？

（生回答。）

教师小结：作者把珍珠鸟看成是家里的一分子——小孩子、小朋友，小宝贝，这种感觉真好。

四个"不"字见真情："我<u>决不</u>掀开叶片往里看……""我<u>不管它</u>……""我<u>不去伤害它</u>""我<u>不动声色</u>地写，默默享受着这个小家伙亲近的情意"。

假如去掉这一个个"不"，把这几个句子连起来，变成一段话：

"假如我掀开叶片往里看、管它，小家伙就会_____。"

生：小家伙就会受到惊吓，有时会魂不守舍。

生：小家伙就会老老实实待在笼子里，不出来了。

师：然而，这都是"假如"。我这么喜欢它，怎么会这样做呢？所以，"我决不……不……不……"（和学生又把刚才这几句读了读），距离产生美，正是作者故意拉开的距离才更能体现他对小珍珠鸟的关爱。几个副词"不"的运用可见作者用字的精妙。

"我"对鸟的爱是一种尊重、宽容、欣赏的爱。（板书：爱）正因为有了这样一份尊重而又留有空间的爱，才能够使人和鸟和谐共处，才会有美好的境界。

引导学生把上面对语言的品读提炼成一首诗。（上面是小鸟的反应，下面是"我"的做法。）

> 当它在屋里飞来飞去，
> 我不管它。
> 当它蹦到我的杯子上，
> 我只是微微一笑。
> 当它绕着我的笔尖蹦来蹦去，
> 我不动声色，默默享受着这小家伙亲密的情谊。
> 当它"嗒嗒"啄着我颤动的笔尖，
> 我抚一抚它细腻的绒毛。
> 当它落到我的肩上，
> 我手中的笔不觉停了，生怕惊跑它。
> 当它趴在我的肩头睡着了，
> 我不会将它弄醒，
> 是的，我不会。
> 因为，
> 信赖，往往创造出美好的境界。

（设计说明：《语文新课程标准》中提到，对课文的内容和表达要有自己的心得，能提出自己的看法和疑问，并能运用合作的方式，共同探讨疑难问题。在这个环节的学生活动中，教师的作用是点拨升华、引领总结，教学原则是引而弗牵。教师的指导需建立在学生学习的基础上，诗歌的再现，分角色朗读，可以使学生更加深入地体会语言的精美，表达方法的细腻，真正实现教知识和教方法双管齐下。）

四、读写结合，深化信赖

学生仿写：

信赖就给它……

_____

（学生写完后进行交流。）

教师小结：可以说，信赖的前提是平等，这样才能得到两者的真正平衡，才会有安全感。请同学们拿起手中的笔，以"信赖"为题写一段话。

（幻灯片出示"信赖"的图片）学生现场写作并进行交流。

教师总结：今天，我们在作家冯骥才的书房里，为这幅人与鸟相亲相爱的美丽画面感到高兴，这就是信赖的力量。其实，在生活中，我们都能因信赖而创造出美好境界。

（设计说明：这个环节主要是以读促写，提高学生的表达水平，将作者的情感世界迁移到学生的内心，使学生在写作中提高素养，在写作中找到心灵的栖息地。）

五、阅读推荐

《我的野生动物朋友》

《珍珠鸟》 教学实录

一、创设情境，引出信赖

师：上课！

生：起立。

师：同学们好。

生：老师好。

师：（出示文中插图）同学们，让我们一起来欣赏这幅画面，从中你们感受到了什么？可以用一个词语来表达。

生：温馨。

生：美好。

生：温暖。

生：信赖。

师：这位同学的回答与我心有灵犀。那人和鸟为什么会互相信赖呢？现在，让我们走近冯骥才的《珍珠鸟》，来探寻人与鸟相互信赖的原因吧。

二、初读课文，感受信赖

师：前面大家对课文进行了预习，首先请一位同学来读下列字词。（幻灯片出示：雏、呷、垂蔓、眸子、斑斑驳驳）

（生读。）

师：请同学们浏览课文，看看作者笔下的珍珠鸟留给你们什么印象？

生：可爱。

师：为了让你的表达更有说服力，请结合文章的语句来回答。

生：我从第4段"小鸟的影子就在这中间隐约闪动……鲜红小嘴从绿叶中伸出来"，看出珍珠鸟的"可爱"。

师：你是从文中找到的关键词"可爱"，这也是一种读书方法。

生：第4段"伸出小脑袋瞅瞅我"好像对"我"不放心，我看出作者在极力保护珍珠鸟。

师：看来换位思考也是一种读书方法，证明你已经进入角色。

生：我从第3段"传出笛子般又细又亮的叫声"看出珍珠鸟的叫声又细又亮，声音很小，我仿佛看到了一只外形娇小的珍珠鸟，我感受到珍珠鸟的"小"。

师：你的发现很好，从课文句子里找特点进行概括也是一种学习方法，谢谢你。

生：我也发现珍珠鸟长得很"小"，因为文中描写珍珠鸟时有很多带"小"的词语，如"小红嘴儿"。

生："小脑袋"瞅瞅我。

生："小红爪子。"

师：这可以让我们想到好多关于"小"的词语。

生：小巧玲珑。

生：娇小可人。

生：精致小巧。

师：看来集体的智慧是强大的，让我们一起读一读这几个词语，读得轻一些，共同体会珍珠鸟的"小"及"活泼可爱"。

（生读。）

师：对于这精致、小巧的小家伙，你们还发现它有什么与众不同的地方吗？

生：我还发现珍珠鸟胆子比较小！课文说"它是一种怕人的鸟。"

师：你读书真细心。小鸟一直很怕人吗？它的变化表现在哪些地方？

生：不是一直怕人，它的变化主要体现在后面的段落中。

三、双线解读，揭示信赖

师：小珍珠鸟是如何由怕人到不怕人，从而信赖"我"的呢？请同学们结合自己的阅读体验，先自己做批注，然后小组交流。

生：第8段，"起先，这小家伙只在笼子四周活动……跟着跳到画框上去了。"这一段中有几个体现珍珠鸟活动地点转换的词，"笼子四周""屋里""书架""灯绳"等，可以看出珍珠鸟的活动范围逐渐扩大，逐渐由怕人到不怕人。

师：你的发现很独特，从活动地点的变化得出自己的见解。你读书很认真。请同学们看屏幕，这是修改后的第8段，看看与原文有什么不同？

生：删掉了"一会儿"和"神气十足"这个词。

师：我们一起读修改后的句子，感受与原文有什么不同？

（生读。）

生：三个"一会儿"让我感受到珍珠鸟的"调皮、可爱、惹人喜爱"，并且与"我"十分亲近。

师：你的发现不错，朗读也是一种学习语言的方法，我们试一下分角色朗读课文。第一个"一会儿"由女同学读，第二个"一会儿"由男同学读，第三个"一会儿"由老师读。

（师生分角色朗读。）

师：你还体会到哪些不同？

生：原文中"神气十足"我觉得是有精神、有底气，十分可爱。

师：三个"一会儿"和"神气十足"的作用可真大，那我就把它们放回原文，我们一起来读这三句话。

（生读原文。）

师：看来真是书读百遍，其义自见。除了第8段，大家还有哪些发现？

生：我从第11段"蹦""喝""瞧瞧""跑""蹦来蹦去"等几个动词看出珍珠鸟俨然像一个孩子，自由自在。

师：你的发言很有条理性，让我们一起读本段，动词可以重读。（幻灯片出示本段文字）

（师生一起读。）

师：对于动词，谁还有发现？

生：我觉得从第14段中的"趴"，也可以看出珍珠鸟对"我"的信赖，一般的鸟都会远离人，而它却趴在"我"的肩头。

师：大家都知道，小鸟一般是站着休息的，用这种方式来保持警惕、保护自己。"巢"是小鸟的栖息地，可是文中的小珍珠鸟却"趴"在"我"的肩上安然入睡了。"我"甚至轻轻抬一抬肩，它都没有感受到，依旧安稳地睡着了，这是何等的信赖啊。正是这些动词的巧妙使用，让我们看到了小鸟的变化，让我们感受到了信赖的魅力！

（配乐朗诵，声音柔美、舒缓。）

生：我觉得从这两段中的叠词"嚓嚓""嗒嗒"也能看出珍珠鸟对我的信赖。

师：你给大家读一读这两句，与大家一起分享。

（生读。）

师：朗读到位也是一种交流方式。珍珠鸟由怕人到对"我"完全的信赖，它的变化和"我"的举动不无关系。那"我"做了哪些事，从而赢得了珍珠鸟的信赖呢？请同学们用跳读的方法再次朗读课文，找出相关的语句来回答。

（生朗读课文。）

生：从第 2 段可以看出"我"精心为小鸟营造一个温暖舒适的"家"，使得鸟儿逐渐信赖"我"，慢慢与"我"接近。

师：文中的"我"很用心，为鸟儿营造自然空间，"我"为什么要这样做？

生：让小珍珠鸟有回到幽深丛林里的感觉，就是让它更有安全感。因为文中说它怕人。

师：你读得真仔细，能够联系前后文谈自己的理解，使你的发言很清晰。"我"要想办法用长长的、串生着小绿叶的垂蔓蒙盖在鸟笼上，真是用心良苦。假如你就是那小家伙，有这样的生活环境，感觉会怎样？

生：幸福。

生：安全。

生：享受。

师：那我们再把这些感受带回到文中读。请这位同学读一读。

（生读。）

师：从你读的句子中我们体会到它的胆小，在生活中要呵护它。文章中还有一段交代了吊兰的长势，你觉得为什么要写这些？

（幻灯片出示吊兰长势的段落。）

生：这样的景色在阳光的照耀下给人斑斑驳驳的感觉，有一种朦胧美。因为小鸟怕人，所以"我"精心为它打造了温馨之家。

师：这分明是冯骥才用"心"经营、用"情"营造的结果。你有什么感受？

生：温馨。

生：安全。

生：美丽。

生：欣慰。

……

师：这种感受是在"我"的精心布置下才有的，请带着这种感受读句子。

（生读。）

师：在"我"的精心呵护下，我们慢慢熟悉了。三个月后，奇迹出现了，"我发现有一个很小的脑袋从叶间探出来，它们有雏儿了。"你发现作者对珍珠鸟的称呼有什么改变？

生：我发现文中对珍珠鸟的称呼是"小家伙"，显得关系很亲密。珍珠鸟已经成为"我"生活的一部分。

师：看来你已经把自己置身于作者的位置。如果把"小家伙"换成"珍珠鸟"，大家读读，看看有什么不同？（幻灯片出示修改后的文字。）

（生读。）

生：我觉得修改后关系显得生疏了，不亲切。

师：看来比读之后大家的印象更深了。称呼"小家伙"，表示作者心里对它情有独钟。作者已经把珍珠鸟看作是家里的一分子。这种感觉真好！谁还有自己的理解？

生：第6段中有好几个"不"，我觉得作者对珍珠鸟照顾很细心。

师：你发现了"不"字的使用。还在哪几段中有体现？

生：第9段中"我不管它"，看出"我"给珍珠鸟自由的空间。

生：第11段中"我不去伤害它""我不动声色地写，默默享受着这个小家伙亲近的情意"，可以看出"我"对珍珠鸟的尊重。

师：人有尊严，鸟同样也需要保护和尊重。试着去掉一个个"不"，把这几个句子连起来变成一段话，"假如我掀开叶片往里看、管它，小家伙就会——"

生：小家伙就会受到惊吓、吓得逃跑。

生：小家伙就不敢从笼子里出来了。

师：然而，这都是"假如"。"我"这么喜欢它，怎么会这样做呢？所以，喂它食物时，我决不——

生："决不掀开叶片往里看，

我不管它，

我不去伤害它，

我不动声色地写，

默默享受着这个小家伙亲近的情意。"（从课文中找句子来朗读。）

师：四个"不"字见真情，距离产生美，正是这作者故意拉开的距离更能体现他的用心良苦。当然，副词"不"的运用，也可以看出作者用字的精妙之处，体现了"我"对珍珠鸟的爱是一种尊重、宽容、欣赏的爱。（板书：爱）正因为有了这样一份尊重而又留有自由活动空间的爱，才使人和鸟和谐共处，才会达到美好的境界。

下面请同学们和老师一起完成一首诗歌。（幻灯片出现诗歌，空行由学生完成。）

当它在屋里飞来飞去，我

_____

生：不管它。

师：当它蹦到我的杯子上，我

_____

生：只是微微一笑。

师：当它绕着我的笔尖蹦来蹦去，我

_____

生：不动声色，默默享受着这小家伙亲密的情谊。

师：当它"嗒嗒"啄着我颤动的笔尖，我

_____

生：抚一抚它细腻的绒毛。

师：当它落到我的肩上，我

_____

生：手中的笔不觉停了，生怕惊跑它。

师：当它趴在我的肩头睡着了，我

_____

生：我不会将它弄醒，

师：是的，我不会。

因为 ＿＿＿＿＿＿＿＿＿＿＿＿＿＿＿＿＿＿

生：信赖，往往创造出美好的境界。

师：我们配合太默契了，我们一起来朗诵诗歌。

(师生共同朗诵诗歌。)

四、读写结合，深化信赖

师：信赖，往往创造出美好的境界。那么，信赖就给它＿＿＿＿＿＿＿＿。

(学生进行仿写训练，并进行交流。)

生：信赖就给它活动的空间。

生：信赖就给它创造条件让它感受幸福。

生：信赖就给它更多的关怀，对他人信赖。

生：信赖就给它更多的关爱，让它感到温暖。

师：刚才这几位同学的回答就像是一首很美的小诗，可以说，信赖的美好境界应该是平等的，这样才能使二者真正平衡，精神世界才会相通，彼此才会有一份强烈的安全感。请同学们拿起手中的笔，以"信赖"为题写一段话。

(幻灯片出示"信赖"的图片。)学生现场写作并进行交流。

生：走着走着，我突然看见前面有一只漂亮但说不出名的小鸟，离它只有几步之遥，它不逃不飞，我轻轻停下来，走了过去，到它身边，它也只是跳了几下让开了。啊，它一会儿落在我的肩膀上，一会儿蹦着跳着，我轻轻地站在原地静静地看着，鸟儿竟然不怕人。让我想到一句话：信赖，是人生最高境界。

生：信赖，是人与人之间沟通的桥梁；信赖，是人与人之间美好的情感。信赖能让世界变得更可爱。

生：信赖，可以让人与人的感情变得深厚，让人感到温暖，让快乐流入每个人的心田。

教师总结：今天，在作家冯骥才的笔下，我们看到了这幅人鸟相亲相爱的美好画面，这就是信赖的力量。我们能够因信赖而创造出美好的境界。

五、推荐阅读

《我的野生动物朋友》

灵魂伤痛　愧对生命

——《猫》教学设计

教学目标

1.比较分析三只猫的特点和结局，学习文章严谨的结构和语言

2.体会文章蕴含的思想感情和人生哲理

教学重点

比较分析三只猫的特点和结局，学习文章严谨的结构和语言。

教学难点

体会文章蕴含的思想感情和人生哲理。

教学过程

一、导入

你们有过养猫的经历吗？（生交流）今天我们一起跟着郑振铎，去聆听他家养猫的故事。

（设计说明：教师创设情境，导入新课，在轻松的氛围中引出学习内容，拉近与作者的距离，激发学生的学习兴趣。）

二、检查预习

1.检查字词的读音（幻灯片出示）

消耗　忧郁　一缕　污涩　虐待　蜷伏　惩戒

2.理解词意

课前大家预习了课文，好多同学的"佳句摘录"中有这样几句话，大家一起来读读。

（幻灯片出示带着"怂恿""怅然"词语的句子。）指导学生结合句意来理解词语含义，做到词不离句。

（设计说明：教师指导学生进行分类整理、摘录，这几句都是表示人物的心理活动，也是积累作文素材的方法。）

三、知形象，明结构

1.文中介绍的三只猫，性格不同，结局不同。请同学们根据提示默读课文，找到相关语句摘录或概括，填写下表

默读要求：不出声、不讨论，边读边根据提示思考。

	第一只猫	第二只猫	第三只猫
来历	从隔壁要来的		
外形			
性情			
在家中的地位			
结局			

（学生圈点勾画，学做摘录。）

生交流，教师点拨：

（1）第一只猫的性情活泼是从哪些句子看出来的？

（生回答。）

教师点拨："它便跑过来，又跑过去"和"它便扑过来抢，又扑过去抢"有什么不同？

教师引导学生理解细节描写对于写作对象生动逼真的重要性。

（2）用同样的方法品读刻画第2只猫的细节描写。

学生结合文中的语句进行回答，教师预设：第3段中运用一系列"跃""跑""晒太阳"等动词，体现小猫的惹人喜爱，每个小细节都透露出"我们"对小猫的喜爱之情。

（3）第3只猫怎么来的呢？

学生从文中找出相关句子，可以看出这只猫的来历：流浪猫。

对于猫的区别，作者抓住特点从细节入手进行刻画，让我们对三只猫印

象深刻。

2.本文给我们介绍了三只猫的故事，你们能理顺每个故事的内在线索吗

生回答：养猫——失猫。

教师点拨：

（1）其实每个猫的故事都是以"猫的亡失"为主线，使每只猫的故事具有相对的完整性。这三只猫的故事以时间先后为顺序得猫——养猫——亡失——再得猫——再养猫——再亡失——复得猫——复养猫——复亡失，永不养猫。其情节构成三起三落，波澜起伏，层层深入。

（2）大家思考过什么是"三"只猫，《植树的牧羊人》是"三"次相见，《骆驼祥子》中祥子的遭遇也是"三"起"三"落。好处是什么呢？

（学生谈谈自己的理解。）

教师点拨：情节发展有波澜，情感变化有起伏。在每只猫的故事讲完后，大家在结构上还有什么发现吗？

（生回答。）

引导学生找出每只猫的故事讲完后的最后一句话，带着情感进行朗读。明确这样写的好处就是思路清晰，情节完整，结构严谨。

（设计说明：本环节教师指导学生梳理文章的主要内容以及文章的线索，指导学生总结本文的结构特点，提高学生的写作能力。）

四、品语言，学表达

1.作者更喜欢哪只猫，原因是什么

提示：作者喜欢第×只猫，是因为"×××（课文原句）"可以看出猫的×××特点（或者对我的影响）。

（生回答。）

教师预设：

（1）第一只猫让我感到快乐。

教师结合学生的回答进行点拨：①第1段描写作者"坐在藤椅上看猫"，引导学生朗读，体会当时"我"悠闲、心情愉悦的状态，理解作者对第一只猫发自内心的喜爱。重读相关词语，如"微笑""暖暖"。②第一只猫死后，我"感着一缕的酸辛"，写出第一只猫在我心里的分量，要读出当时"我"心情的难以平静。重读"一缕""可怜"两个词。

（2）第二只猫会捉老鼠让我感受到意外。

教师结合学生的回答进行点拨：第3段中介绍第二只猫"居然捉到一只很肥大的鼠"，可以看出第二只猫不但能给家人带来好心情，还能捉老鼠，更让大家喜欢。如果删掉"居然"一词，效果一样吗？（提示学生可以结合这个词语表达感情。）

（生回答。）

教师点拨："居然"一词表达出"我"当时的惊喜之情。

（3）第二只猫的离世让我感到伤心。

教师结合学生的回答进行点拨："怅然""愤恨""诅骂"连用3个表示心理活动的词语，表达第二只猫亡失后的痛苦心情，情感呼之欲出。作者没有使用华丽的词语来写猫以及自己的心情，而是用最质朴的语言向我们诉说。

2.细读文章，不难看出作者一家都喜欢前两只猫，为什么不喜欢第三只呢？请结合句子谈理由

（1）否定词的使用。

"不大喜欢它""它不活泼""也不像别的小猫之喜欢顽游""也不加注意"连用几个否定词"不"，凸显第三只猫一开始来到这家里就不被喜欢，更何况它与前两只性情相反，形成对比。同时，"不改它的忧郁性，也不去捉鼠"，体现第三只猫好吃懒做。

（2）可以看出作者一家甚是喜欢前两只猫，相比较而言不喜欢的第三只猫却着墨较多。可以删去对前两只猫的描写吗？

（生回答。）

教师点拨：三只猫的经历是按时间先后的顺序，写前两只猫从结构来看是为写第三只猫做铺垫，前后形成对比。这样的构思，更有利于刻画所写事物，能够凸显中心。

（3）第3只猫不被喜欢，却对它着墨最多？为什么？

生回答：因为误认为它把"我"家的芙蓉鸟吃了，后来发现是一只黑猫吃的。

（教师引导学生重点品读芙蓉鸟事件。）

师：请一名同学朗读第17~29段，完成这一调查。（幻灯片出示问题，学生从课文中找答案回答。）

案发现场情况：

犯罪嫌疑人：

我对猫罪行的认定话语：

对犯罪嫌疑人的惩罚方式：

（在学生回答的过程中，教师引导学生品读重点句。）

（幻灯片出示相关内容。）

一定是猫，一定是猫！

吃芙蓉鸟的一定是猫！吃芙蓉鸟的一定是猫！

师：比较这两个句子，你们更欣赏哪一个？

（学生思考后谈理由。）

教师点拨：第 1 句利用短句，短促有力，更有利于表达愤怒的情绪，还运用了反复的手法，有加强语气的作用。

教师继续追问：第三只猫毛色难看、性格忧郁，它在这个家里也一天天长大。然而，这种安逸的生活依然被打破，它被主人认为偷吃了芙蓉鸟。"我"的判断正确吗？从哪里可以看出？到底是谁咬死了芙蓉鸟？根据是什么？

（生回答。）

这其实是一桩"冤案"。（幻灯片出示相关内容）

如果猫会辩解，它会说什么？（幻灯片出示相关内容）

猫对鸟笼凝望时，猫说：＿＿＿＿＿＿＿

我愤怒叫道："一定是猫，一定是猫。"猫说：＿＿＿＿＿＿＿

猫嘴里好像还吃着什么，猫说：＿＿＿＿＿＿＿

我一时怒气冲天，拿起木棒追过去打了一下，猫说：＿＿＿＿＿＿＿

（学生以小组为单位，用多种形式来回答。）

（设计说明：教师指导学生结合重点句来进行品读，尤其是对心理活动的描写进行品读。这对于理解作者的情感变化、积累写作素材有较大帮助。）

五、悟情感，明主旨

1.这样一只可怜的猫，来得可怜，活得可怜，死得也可怜。对于第三只猫的死，"我"是怎样表达对"猫"的误解和忏悔呢

（生回答。）

（幻灯出示片课文第 30~34 段。）

师：同学们，自己朗读一遍，你们觉得"妄下断语"是什么意思？

生：指胡乱、随意地做出判断。

师：本段中哪些句子运用了修辞，请结合相关语句做分析。

生："刺我良心的针"，运用了比喻修辞，生动形象地体现作者知道真相后的愧疚和不安心情。

师：知道错了后，"我"什么心情？

生：难过、痛苦。

生：悲伤、愧疚。

生：悔恨、自责。

师：那怎么才能"不难过"呢？

生：补救。

师：对。怎么补救？"表白"可行吗？从文中找。

生：不行，两个月后，"猫忽然死了"，我更难过。

师：为什么更难过？

生："我再无改正过失的机会了！"一个小生命就这样在我的强势攻击下、暴力追打下蒙冤逝去。

（教师引导学生配乐朗诵文章："我心里十分地难过——我家永不养猫。"）

师：文末以"我家永不养猫"收尾，呼应开头，寓意深刻。回顾整篇文章，作者看似在记叙家庭琐事，实则是在用他深刻的反思、无声的语言给了我们一些生活的启示。

2.你认为作者讲猫的故事，有什么用意

（幻灯片出示写作背景。）这篇文章选自郑振铎的作品集《家庭的故事》，写于1925年。20世纪20年代，郑振铎受西方思想的影响，表现出新思想、新认识，这篇文章就是创作于这个阶段，来表现对弱小者的同情、对霸道思想的谴责，宣扬公平、道义、博爱的认知。

生答预设：

（1）不管遇到什么事情，不能主观臆断，不能意气用事，否则无法补救过失。

（2）做人要仁爱，即使面对小动物也要做好自己，不能妄加判断，要根据事实说话。

（3）要敢于承认自己的错误，知错就改。

（4）每个人都要真诚面对自己的内心。

（幻灯片出示相关内容。）

郑振铎先生主张"为人生的文学"，其最大特点是通过平淡的家庭琐事来体现温情中的默默哀愁。

《猫》的主题思想是值得深思的。在复杂多样的社会中，面对不幸的弱小者、到处可见的不平等，甚至是人格上的羞辱，他们身上的悲剧性也是无法避免的。对于这一点，作者是难以忍受、愤愤不平的。

阅读郑振铎的《猫》，心中不免有这样的沉思：一个有良心的人，就是一个没有丧失温度与温情的人。郑振铎写猫，亦是在写人，对猫的忏悔，同样也是对人的悲悯。通过这三只猫，我们仿佛看到了千千万万像猫一样的人。这是猫的故事，也是人的故事。我们回味文章，字里行间的是一种真诚的表达，那是作为一名知识分子的自省，也是一种感染读者的力量。

（设计说明：一篇文章的难点就在于为什么写这篇文章，本环节引导学生品读重点段落，理解作者的写作目的，提高文章的品鉴能力。）

六、推荐阅读

郑振铎《家庭的故事》

情节曲折　内涵丰富

——《狼》教学设计

教学目标

1.朗读课文，积累文言词汇，梳理文意

2.精读课文，品读形象

3.比读课文，提高对文章的审美

教学重点

积累文言词汇，品读形象。

教学难点

比读课文，提高对文章的审美。

教学过程

一、创设情境，导入新课

1.猜字游戏

教师出示甲骨文的"狼"，让学生猜一猜是什么字，并阐释理由。

教师点拨：左边是"良"的古字，意思是"好的，如意的"；右边是"犬"的古字，意思是"猎犬"。这个字的本义是最好的猎狗，即高大威猛的猎犬。古人称高大凶猛的猎犬为"狼"。

2.走近作者

联系曾经学过的《山市》，请学生回忆蒲松龄的相关介绍。

教师点拨：《聊斋志异》是我国第一部文言短篇小说集，书中有近 500 篇狐鬼怪异故事，也有一些散记特写、随笔寓言，被誉为中国的《一千零一夜》。"聊斋"是蒲松龄书屋的名称。"志"是记述的意思，"异"指奇异的故事。

（设计说明：教学需要教师精心创设环境，通过外部条件，激发和维持学习内部学习过程的发生。本环节主要通过谈话的形式激发学生的学习兴趣，唤起学生的情感体验。）

二、读"狼"

1.读准字音

（1）读准下列字词的读音，尤其要注意画横线的字词（幻灯片出示字词）。

<u>缀</u>行　大<u>窘</u>　<u>少</u>时　<u>隧</u>入　假<u>寐</u>　<u>黠</u>　苫<u>蔽</u>成丘

<u>弛</u>担持刀　<u>眈眈</u>相向　目似<u>瞑</u>　止露<u>尻</u>尾

学生读，教师进行点拨。

（2）读准句读。（幻灯片出示去掉句读的原文）学生接龙读，其余学生点评。

（3）小组展示朗读。

2.读准节奏

判断以下句子应该怎样停顿，学生讨论并说出依据。

（1）其一犬坐于前。

（2）禽兽之变诈几何哉？

教师总结划分节奏的常见方法：

第一，意义单位划分法。先根据自己的理解思考意思，再根据意思进行组合，每一个组合就是一个单位，不同单位之间可以划分节奏。

第二，语法结构划分法。根据语言顺序处理停顿，即按照"主语——谓语——宾语""定语——中心语""状语——中心语""动补"来停顿。

3.读出情感

学生带着自己的理解朗读课文。

教师点拨：读文言文要读出文言文的韵味。第1段可以读得舒缓一些。随着语境的变化，"屠暴起，以刀劈狼首，又数刀毙之"一句语速需要快一点。

（设计说明：《语文课程标准》指出，语文学习具有重情感体验和感悟的特点，要发挥语文独特的内化作用，教师要关注每一篇课文独特的价值，也要关注学生的学情。这一环节需要不断进行语言互动，加强对朗读的指导与训练，了解学生对文本的理解程度，在多种形式的朗读中感知文章的主要内容。朗读指导可以让学生感受到文言文的美，激发学生的学习兴趣。)

4.译读文章

（1）熟读课文，结合已有的经验翻译课文，了解大意，将不懂的字句进行标注。

（2）发挥集体优势，先自我解决疑难，然后组内商讨重点问题。

教师提问学生对重点句的理解。（幻灯片出示相关内容）

骨已尽矣，而两狼之并驱如故。

屠乃奔倚其下，弛担持刀。

一狼洞其中，意将隧入以攻其后也。

禽兽之变诈几何哉？止增笑耳。

教师根据学情进行点拨，注重学习文言文的翻译技巧，为以后的学习打下基础。

5.归类整理

学习文言文也要有归类整理的意识，学生需要整理文言虚词和词类活用等。

（设计说明：每篇文章都有自己的特点，围绕每一篇的文体特点进行训练学习，增强学习的针对性，提高学生学习文言文的语感，指导学生拓展思维，提高语文学习的效率。）

三、析"狼"

在下面的括号里填上一个动词，概括故事情节。

屠户（　）狼——屠户（　）狼——屠户（　）狼——屠户（　）狼

（生回答。）

教师点拨：遇狼——惧狼——御狼——杀狼。

（设计说明：学习文言文也要关注内容的梳理，利用课本例子进行情节的归纳与总结，达到举一反三的作用，让学生能根据本文从不同角度进行学习，提高学生的感悟能力。）

四、评"狼"

1.细读文章，采用圈点勾画法找出描写屠户与狼的文字，分析点评他们的形象

（生回答。）

教师点拨：

狼：从"乃悟前狼假寐，盖以诱敌"可以看出狼的狡诈、阴险。

屠户："奔倚""弛担持刀"几个动词，写出了屠户的智慧，能根据自己的情况来进行自卫和反击。"暴起""劈""毙"表现出屠户的善于观察，并能根据时机来进行反击，奋勇杀狼，进而战胜狼。"转视"和"断"等词写出了屠户的细心、警惕性强，有勇有谋的特点。

2.每篇文章都有自己的写作意图，本文是想要告诉我们什么呢

学生根据自己的理解回答，教师点拨：

（1）对待像狼一样的恶势力，不能心存侥幸，要发挥自己的聪明才智。

（2）一切像狼一样的恶人都是以害人始、以害己终，最后都是自取灭亡。

（3）要像屠户那样并杀两狼，不留后患给自己。

学生明确：狼这一形象在文中所蕴含的寓意，直指贪官污吏一类的恶人。

在此基础上，学生齐读最后一段，明确文本中心：对于像狼一样的恶人，一定要敢于斗争，善于斗争。

3.总结写作技巧

一篇短小的文言文，作者却能给我们深刻的启示和反思，原因是什么？

（生回答。）

教师点拨：本文采用记叙在前、抒情议论在后的写作模式，这样写文章的好处在于可以凸显出故事中蕴含着的深刻的道理，耐人寻味。写文章时不要单纯只写所见所闻，一定要有自己的所感，这样的文章才有思想、有内涵。

（设计说明：《语文课程标准》提出，鼓励学生发表自己的见解并能梳理自己的看法，不断总结自己的发现，梳理自己的问题，运用适合自己的学习方式与同伴合作学习，解决疑难。此环节中教师充当创造者、引导者、解惑者和参与者，是学生的合作伙伴。教师还要发挥教材的作用，引导学生举一反三，提高阅读和写作的技巧，提高学生的自我品鉴能力。）

五、议"狼"

1.蒲松龄笔下的狼是如此贪婪凶恶，大自然中的狼果真如此吗？让我们通过文章对狼有更多的认识

（1）读一读，比一比。对比阅读蒲松龄的《狼》和毕淑敏的《母狼的智慧》，看看这两篇文学作品中的狼有什么共同特点。

（2）这两篇文学作品分别写出了狼的其他什么特点？

（3）从作者对狼的议论或评价中，可以看出在这两篇文学作品中作者对狼的态度有何不同？

（教师根据学生的回答适当补充。）

（设计说明：语文是语言和文字的结合体，在语文学习的过程中，引导学生走进文本，挖掘文本背后的价值，提高对文本的审美能力，必须从语言和文字入手，在潜移默化中提高学生的理解深度与广度。本环节重在与学生的交流过程，以加深学生对文本的理解。）

六、阅读推荐

肖潇《母爱的较量》

贾平凹《怀念狼》

（此教学设计发表于 2018 年第 6 期的《语文教学通讯》）

性情率真　守志安贫

——《五柳先生传》教学设计

教学目标

1.朗读课文，积累文言词汇，疏通文义

2.精读课文，学习本文写人的方法

3.品读课文，学习陶渊明的高洁品质

教学重点

学习写人方法以及陶渊明的高洁品质。

教学难点

学习写人方法以及陶渊明的高洁品质。

教学过程

一、创设情境，导入新课

师：我们学过陶渊明的哪些古诗文？

（生回忆并背诵。）

师：谁能介绍一下陶渊明呢？

（生回答。）

师：我们这节课一起来学习他假托五柳先生写的一篇传记性文章《五柳先生传》。（板书课题）

（设计说明：这个环节主要是由原来学习的知识引出本课要学习的内容，让学生对学习有期待感。）

二、走近五柳先生

（一）朗读在线

个人读——教师范读——齐读。

（幻灯片出示本课比较难读的字音，师生共同纠正。）

（二）文坛档案

结合下表为五柳先生建立一份档案。

姓名	朝代	名	字	号	性格	志趣	生活状况
陶渊明							

（三）疏通文义

借助注释，疏通文义。

提示：勾画出自己不理解的地方，合作解决；组内不能解决的问题，可以向其他组同学请教，也可向老师请教；翻译文章时力求"信、达、雅"，做到不改变原文，语句通顺，文笔优美。

学生结合自己的理解疏通文义。

教师点拨重点句子：

(1) 好读书，不求甚解；每有会意，便欣然忘食。

(2) 既醉而退，曾不吝情去留。

(3) 短褐穿结，箪瓢屡空，晏如也。

(4) 其言兹若人之俦乎？

(5) 衔觞赋诗，以乐其志。

（设计说明：这个环节主要是培养学生借助工具书了解文意，教师通过对重点语句的强调，指导学生掌握翻译文言文的方法，为后面的学习奠定基础。）

三、评说五柳先生

1.默读课文，谈谈五柳先生是个怎样的人

学生结合自己的理解发言。（提示：可以结合文中的具体词语、句子或者自己对陶渊明的作品谈自己的理解。）

教师根据学生的回答提问：

(1) "闲静少言，不慕荣利"中的"少言"是"不言"吗？

(生回答。)

教师点拨：此处的"闲静少言"是陶渊明借五柳先生来表达自己的政治态度，远离官场的纷扰。五柳先生的少言是针对不同的人而言的，可以看出五柳先生不慕荣利。

（2）从描写生活状况的句子可以读出怎样的五柳先生？

（生结合文中的句子回答。）

教师补充小故事："箪瓢屡空"来自颜回的典故，颜回，字子洲，孔子的得意弟子。《论语·雍也》载："一箪食，一瓢饮，在陋巷，人不堪其忧，回也不改其乐。"意思是吃的是粗茶淡饭，喝的是冷水，居无定所，别人都忍受不了这种艰苦穷困的生活，而颜回却并不改变他对生活的态度，后来，就用"一箪一瓢"或是"箪瓢陋巷"来形容一个人生活俭朴、安贫乐道。作者陶渊明的清贫是出了名的，即使有客人来访，他也没有自己的鞋子，客让家丁取鞋给他，他便惬意地穿上了。即使生活贫困到极点，他却毫不在意，依然有"采菊东篱下，悠然见南山"的闲适自然。从生活状况的句子能读出一个安贫乐道的五柳先生。

（3）从志趣中读出怎样的五柳先生？

（生回答。）

教师点拨：

爱好之一：读书。

（幻灯片出示）"奇文共欣赏，疑义相与析。""得鱼而忘荃，得兔而忘蹄，得意而忘言。"

明确：五柳先生读书时不求对书的内容做整体的把握，看重的是与书融为一体，理解其中的精髓，从中寻找思想上的共鸣和感情上的寄托，注重精神所得。五柳先生的读书境界就是在——求真意。

爱好之二：饮酒。

（幻灯片出示）《宋书·隐逸传》云："潜若先醉，便语客：'我醉欲眠，卿可去。'其真率如此"。

明确：五柳先生生性爱喝酒，但是因为家庭贫困不能经常喝，他的亲朋好友了解到这种情况，有时备下酒菜招待他，他总是开怀畅饮，醉后拂袖走人，从不以去留为意。从中可以看出五柳先生性格的率真——显真性。

师追问：那五柳先生为什么喝酒呢？

（生回答。）

教师点拨：①以酒为友：自古以来诸多的文人墨客都是与酒为友。②以酒解忧：表面上看，五柳先生不拘小节，率真达观，但旷达的背后又隐含着隐忍的悲情。东晋社会，民不聊生，政治萎靡，他只能选择慎言慎行。其心中的愤懑难以排解，借酒消愁。所以，他的饮酒或许是"忘怀得失"，追求逍遥的一种手段，或许又是一份坚守。在醉酒中可以使心中的波澜得以平静，这是他在那种恶浊环境里使自己得到解脱的一种方法。③以酒怡情："酒"已经成为中国文人写诗著文的一部分，李白更是与酒有着天然的缘分。每当他内心孤寂、仕途失意、蔑视权贵时，就与酒为伴。从某种意义上说，是酒成就了飘逸洒脱、浪漫无比的李白！

爱好之三：写文章。

教师补充小故事：当时是刘裕当权，不少文人学士投在其门下，为其歌功德、修国史，目的是突出刘裕的仁义，以显示对当时执政者的拥护，达到政治宣传的目的。陶渊明也被征为著作郎，但是被他严词拒绝。

明确：陶渊明在去世前两个月还为自己写了《拟歌》："荒草何茫茫，白杨亦萧萧……死去何所道，托体同山阿。"本篇传记中也体现了他的精神所属：不与世俗同流合污，坚守田园，陶醉田园。从中可以看出他著文章——抒真情。

2.有一个字反复出现，这个字是什么？请找出相应的句子读一读

（生读。）

教师点拨："不"字是这篇文章的眼目。

学生齐读带"不"的语句（幻灯片出示），要求读出五柳先生与世俗的格格不入。

（幻灯片出示）"欲仕则仕，不以求之为嫌；欲隐则隐，不以去之为高。饥则扣门而乞食；饱则鸡黍以迎客。古今贤之，贵其真也。"哪个字最能体现五柳先生的品格？

生：是"真"这个字。

教师总结：从以上的分析中我们看出了本真的五柳先生，读书是为了求真意，饮酒是显真性，著文章是显真情，这些都是五柳先生真性情的体现。

3.了解一个人物，第一自然段已经足够，第二自然段是否多余

（生回答。）

教师点拨：第二自然段不多余。第一自然段的记叙是基础，第二自然段

通过议论，使五柳先生的人生志趣和精神风貌更明晰、更突出。这种叙议结合的手法是传记性文章的一般写法，这篇文章从内容上看，不重视人物生平与事迹的介绍，而重在表现志趣。

（设计说明：本环节在了解文意的基础上，注重对人物的品读，结合重点句体悟人物的特点，这对于学生品读人物和提高写作能力有很大帮助。）

四、遥寄五柳先生

谈一谈，在现今社会我们还需要学习陶渊明吗？

学生各抒己见。

师生齐读：（幻灯片出示相关内容）

他是安贫乐道、淡泊名利的圣人；

他是千百年文人志士梦想比肩的楷模；

他以简朴归真、不随世俗的卓尔不群感染了一代人；

他以不为五斗米折腰的不羁性格熏陶了一代人；

他以朴素自然、寓意深刻的语言风格影响了一代人；

他已成为是中国的一种文化符号；

他就是"富贵不能淫（yín），贫贱不能移，威武不能屈"的大丈夫——陶渊明。

（设计说明：本环节引导学生发表自己的见解，加深对人物的理解，提高对人物的品读能力。）

五、推荐阅读

《归去来兮辞》

《饮酒》

酷爱自然　归隐林泉

——《答谢中书书》教学设计

教学目标

1.朗读课文，整体感知文意

2.品读课文，学习写景方法

3.悟读课文，探究文人情怀

教学重点

品读课文，学习写景方法。

教学难点

悟读课文，探究作者情怀。

教学过程

一、创设情境，导入新课

古人云："仁者乐山，智者乐水。"自古以来，文人墨客喜欢与山水为友，喜欢用山水来表达情思。今天，让我们一起来欣赏南朝梁代陶弘景《答谢中书书》。

解题：这个题目怎么停顿？谁来解释题目《答谢中书书》？

(生回答。)

教师点拨：答，回；书，即书信，这是陶弘景写给谢徵的一封关于山水的信。

(设计说明：教学需要教师精心创设环境，通过外部条件的作用方式，支持和维持学习内部过程的发生。本环节主要通过优美的山水图片激发学生的学习兴趣，唤起学生的情感体验。)

二、朗读课文，整体感知文意

（一）读准字音

请学生读原文，点拨几个重点字的读音。

（二）读出节奏

提示：朗读节奏二二划分，后面几句注意根据句意来划分。

1.学生朗读，品味四字句的节奏

2.学生读课文，互相点评

（三）读清层次

1.把课文读成两个段落

（生试读。）

师：用朗读来表现两个层次，朗读时心中要有四个字，"叙议结合"，前者是描述，后者是议论抒情。女生读第一层，男生读第二层。

（生读。）

2.把课文读成三个段落

（生试读。）

师：第一层再读成两个层次，请大家告诉我怎样读呢？

预设：学生说第一句，这是总领句，领起全文，领起全文写景的内容，领起全文描写的内容。

师：注意，第一句后停一个节拍，"沉鳞竞跃"后停一个节拍，这就表明了你已经读懂了课文。

（生读。）

师：我觉得读这样的抒情文章语速可以放慢，读出景物的壮美和秀美。从文中可以看出哪个地方读得壮美，哪里读得秀美呢，听我来读。（师范读）

（生读。）

师：但是还要有抒情的味道，不能每一字都停顿，再试一遍，第一句后停一拍，最后一句前停一拍。

（生读。）

师：朗读过程中要体会作者对山水之美的赞叹。我给大家试一试后面几句。（师范读）夸张在哪里？

生："实是欲界之仙都"。

师：大家试一试，"实是欲界之仙都"拖长音，最后一句还要读出很自信的样子。

（生齐读课文后配乐朗读。）

（四）读通文意

自由读课文，借助注释和工具书理解句意。

1.学生朗读课文，结合注释翻译课文，画出不会的句子

2.同桌之间讨论交流，将疑难问题组内解决，组内解决不了的面向全班提问

教师根据文言词和重点句进行点拨，落实翻译的方法和基础文言词。

（设计说明：《语文课程标准》指出，语文学习具有重情感体验和感悟的特点。我们应该重视语文的熏陶感染作用，注意教学内容的价值取向，同时也应尊重学生在学习过程中的独特体验。本环节通过与学生的交流，了解学生对文本的理解程度，及时把握学情，在朗读的基础上理清思路，理解其主要内容。）

三、品读课文，学习写景方法

（一）美点寻踪

文章中的山川具有独特的魅力，请你用形象的语言将它描绘。

提示：可以结合自己的爱好，写出来，画出来，说出来，唱出来，形式多样地体现。学生先自己思考，然后小组交流，如有疑问可以全班交流。

教师稍加点拨：

1.山水相映之美

山峰高耸入云，溪流清澈见底，山水相映成趣。

2.色彩配合之美

石壁五彩缤纷，交相辉映。仰视有蓝天，俯视有流水，景色动人。

3.晨昏变化之美

早晨云雾缭绕，随着时间的推移，云雾消失，清晨，猿、鸟的叫声此起彼伏，生机勃勃。傍晚，山色苍茫，水中的鱼儿浮出水面，惬意十足。

4.动静相衬之美

一是形体的动与静：高峰为静，流水为动；二是光色的动与静：林青竹翠为静，五色交辉为动；三是声响的动与静：日出雾歇为静，猿鸟叫声为动；

日落山暝为静，游鱼跃水为动。

（二）学习写景方法

作者用什么方法将所见之景描绘出来的？

（生回答。）

师点拨：①多角度（俯视、仰视、平视）。②多感官。③多色彩。④多修辞。⑤动静结合。⑥正侧结合。

（设计说明：《语文课程标准》指出，语文是实践性很强的学科，应着重培养学生的语文实践能力。语文学习的资源处处都有，教师要注重课程资源的开发，让学生多方面接触语文材料，在不断的实践中提高语文运用的能力。此环节的目的是提高学生的语言品析能力，结合重点语句赏析文章的优美之处和写景技巧，使学生能够得到美的熏陶，提高审美力。）

四、悟读课文，探究文人情怀

1.王国维说，"一切景语皆情语"，本文的景物描写流露出作者怎样的情感呢？哪些句子直接抒发了作者的情感

链接资料1：南北朝时期，因时局动荡不安，不少文人选择遁迹山林，在山水中得到慰藉。因而，他们常常借助山水来表达自己的情思，也以此来安慰友人。

链接资料2：陶弘景——被称为"山中宰相"。陶弘景有进宫陪伴太子读书的经历。后来，陶弘景远离尘世，隐居句曲山。因为他涉猎广泛，所以每逢祭祀事务、征讨时，朝廷便派人向他请教，"山中宰相"由此而来。

链接资料3：谢灵运是中国山水诗的开创者，也是第一个大量创作山水诗的诗人。他仕途不顺，好营园林，游山水。其与族弟谢惠连、东海何长瑜、颍川荀雍、泰山羊璿之一道，以文章赏会，共为山泽之游，时人谓之"四友"。

在学生回答的基础上，教师进行点拨：作者将谢灵运引入文章，把谢灵运看作自己的知音，含蓄表达了对黑暗现实、世俗社会的批判与不满，表达了作者沉醉山水的愉悦之情和与古今知音共赏美景的得意之感。

（设计说明：在文言文教学中，由于其行文、字词学生较为陌生，可以利用拓展资料来拓宽文章的厚度和深度，从语言文字和语言表达形式入手，在潜移默化中提高学生的理解深度与广度。本环节重在与学生的交流过程中，

提高学生对文本的理解深度。)

2.其实，山水本是自然之物，因为古代文人融入自己的情感，山水便有了灵性，有了生命。每个人都可以与自然和谐相处。同学们根据自己的理解，运用恰当的方法书写感受最深的景物吧

请你当一次小导游，根据所学的写景方法，为我们描绘一处心中感受最深的自然景物吧！

（学生练笔后将作品当堂进行交流。）

（设计说明：这个环节主要是以读促写，提高学生的表达水平，使作者的情感世界迁移到学生自己的内心领域。）

五、诵读课文，传承文化经典

根据关键词的提示背诵课文。

（学生先自己背课文，然后齐背。）

（设计说明：中华文化的历史文化知识蕴含在古诗文中，这个环节让学生背诵课文，提高学生的语文素养，增强学生的感悟能力。）

六、推荐阅读

《陶弘景传》

《与顾章书》

《中国古代山水游记的发展历程》

第三章
语文教学之感

徜徉书海　抒写我心

用"语文的方式"创造出"语文味儿"

有幸拜读肖培东老师的《我就想浅浅地教语文》，从序言得知钱梦龙老师和肖培东老师两人是师徒关系。肖老师紧随钱梦龙老师的脚步，由一位教学新秀逐渐成长为一位语文名师，又成长为语文特级教师。

通读全书，这本书中的十六个课例每一篇都有自己的特色，分为"浅浅小语""课堂再现""名师点评"等不同板块，既有自己的教学心得，又有听课教师的真实感受，还有名师的精彩点评。所有的精华汇总起来便是他独特的教学思想：浅浅地教语文。

细细回味"浅浅地"三个字，含义深刻，其内涵其实与"浅"不相符。记得王君老师曾将肖老师的讲课风格凝练为朴实、简约、理性三个词。

读完，个人认为肖老师的课有如下几个特点。

把朗读声还给语文课

不管是听课教师的真实感受，还是名师的精彩点评，都提到肖老师的课堂重视朗读。我在阅读十六个课例时，对朗读也是印象深刻。肖老师的课堂重视朗读的原因有二，其一便是肖老师本身喜欢朗读，其二是他认为这是一位语文教师应该具有的素养。他已经把朗读作为自己和学生学习语文的手段、方法。例如，课例中有一篇《一双手》，肖老师在引领学生整体感知文章后，聚焦在课文的第十段，利用个人读、小组读、分角色朗读等方式让学生体会蕴含在课本内的赞美之情。而后，他再让学生将文中的句号全部换成感叹号，让学生通过修改标点符号的方式去体会"勤劳、朴实、谦虚的张迎善"。整堂课，肖老师没有过多的碎问题，而是将主问题聚焦在文章为什么重点写"手"？通过让学生多次朗读的方式加深对课文的理解，并将自己的理解与大家分享。肖老师在学生回答的过程中不断指导朗读，最后将写"手"的段落集中后再进行朗读品味，与学生一起总结"手"的含义。整堂课看起来十分平实，朗读贯穿其中，将一个距离学生生活比较远的林业工人的形象在学生心中逐渐树立起来，让学生在读中品，读中悟，以读促析。

肖老师的朗读不是平面的，而是不断纵向延伸的。他先是引导学生通过比较长短句的不同，读出丰富感受，在此基础上依次聚焦到叠词的品读、句号和感叹号的不同，带领学生一步步深入体会人物的内在品质。每次的朗读都有不同的要求，每次的指导也不断地深入。整节课，肖老师都没有将自己的理解强加到学生身上，而是不断"搭桥"让学生在品读中比较，充分体现了新课标中提到的"教师的理解不能代替学生的理解，要充分引领学生在朗读中体悟"的要求。

真是无读不成析，无读不成课。

在教《山羊兹拉特》这篇小说时，肖老师先用一个问题"拯救山羊兹拉特最重要的因素是什么"导入教学，引导学生思考小说的三要素在文中是如何体现的，通过朗读、默读等方式逐渐引领学生体悟人物的内心世界。

在朗读、诵读中逐层深入远比理性地、不带任何色彩地讲解更加深入人心，更令人记忆深刻。结尾的"咩"字处理得尤其绝妙，在一遍遍的品读中引领学生探讨出丰富、深刻的意蕴与内涵。在这一过程中，学生们没有抱着嬉闹的态度敷衍，而是在认真地品读，对文章情感的理解也逐渐得到升华。整堂课中，有教师的范读，有学生的个人朗读、集体的朗读、男生女生的分组读，师生的分角色朗读，一个"咩"字的品读让人回味无穷。

"语文课，首先要听到读书声，有读者和作者的对话，有深入的思考、反思，才能有精神层面的收获。"这是肖老师所主张的，也是他不断实践的信念。

正因为他注重学生走进文本，才有了"咩"的真诚体现，"春酒"的温馨场面，孔乙己的五味杂陈……肖老师的朗读，永远深入人心，带着学生潜入文本，在多样的朗读中体味文字背后的内涵。

把课堂还给学生

肖老师的每一堂课没有过多的掌声与喧哗，没有大起大伏的讲课节奏。在《斑羚飞渡》中，他让学生概括故事情节，一开始学生没有准确领会小说的主角，肖老师点拨要以小说的主角为主语进行概括。当学生理解把握主角后，回答问题时又比较笼统、不准确，肖老师又点拨要调整好回答问题的节奏。当学生表述有进步时，肖老师继续指导："请大家找到，文章最后的一句话。"引导学生寻找最后一句话中的关键词，利用这个关键词进行故事情节的总体概括。这就是肖老师的课堂，没有像个别老师那样提问学生，一看学生回答不到位，便接着用幻灯片出示正确答案。在课堂上，肖老师对学生的概括方法点拨到位，学生对信息的提取能力也得到了实质的提升，扎实推进，不着痕迹。

肖老师的课程，其高明之处在于始终尊重、顺应学生的理解和思考。肖老师认为对于同一话题的多角度理解更能激发学生的深度思维，拓宽学生的视野。因而，在面对书中的"《沙之书》是一本什么书"这种开放性问题时，有的学生一时回答不上来，肖老师便鼓励他反复理解、重新认知，指出《沙之书》的本质就是需要自己探究，引导学生自我探索，理解本文的巧妙之处。当学生没有走进文本时，肖老师没有急于进行，而是慢下来带领学生朗读，以心灵深处的理解促成内化。

品读肖老师的教学感言和后记，其文采斐然让我钦佩不已，令我印象最深的更是那一份对生活的真诚和教学中传递的人文关怀。肖老师在研读文本时，一直都能通过自己的生活和人生经历来体验，换位思考作者当时的心情与心境，或者将自己置身于作者的生活中，感受作者情感的变化。在他的眼里，教会学生知识固然重要，让学生学会生活、学会表达更重要。

肖老师对"浅浅地教语文"有自己的理解：教给学生或许是浅到心底的文字，纯净地堆积起来，就是高度的引领；教给学生矮到能扎根心灵的思想，真切地汇集起来，就是厚度的拓宽。

肖老师用自己的方式让学生喜爱语文，滋养学生的心灵，引领学生的成长。

"浅浅地，拨开冗杂的草丛，找到最亮丽的一株种成课堂的大树。"肖老师以出色的教学水平、独特的教学方式成为无数教师心中的标杆，引导着更多教师以"吾将上下而求索"的态度和精神去改进自己的课堂。

课堂需要"精彩"

近期读完肖培东老师的《教育的美好姿态》，结合几个关键词谈谈自己的认识。

真实

对于肖老师来说，上公开课已是家常便饭，他愿意开诚布公地拿自己的课例与大家进行交流、探讨。不管是成功的还是失败的，哪怕有一个点值得借鉴也是值得的。给初二学生上《孔乙己》，一开始可谓"坎坷入课"，走得很慢，走得跌跌撞撞，但他还是依旧根据学生的理解走了下去；《走一步，再走一步》遇到倔强的女孩，在课堂最后"我蹲下去，你就会站起来"；《皇帝的新装》遇到稚嫩的小男孩不知道怎么换用另一个词语回答时，他用自己的机智帮助小男孩解围，如他所言，"他抬起头，骄傲地站着。他没有想到，自己的回答竟然可以这样有哲理"；执教观摩课《山水永嘉，飞翔语文》时，朱元昌老师提出"掌声要真实"的问题，肖老师反思了自己一堂课的掌声，也给予我们很好的警醒，真正的掌声是对学生的一种尊重，也是对生命的一种鼓励。

"你怎么样，你的课堂便怎么样。你，是你的课堂。"如果要求你的学生做到，作为教师首先要做到。

教语文的方式各有不同，只要你教的是"真"语文，一定会回到语文的本真。教师首先要充实自己，完善自己，才能把学生带向学科的深处。我以此来警醒自己，让自己喜欢的教育回归真实状态，这才是作为老师最美好的姿态。

率真

"教了多年的书，最终把自己变成一个孩子。"足见肖老师一直怀有童心，他喜欢和学生在一起的日子，善于与学生交流学习，在点滴中见证学生的成长。

现代社会的压力如秋风，如冬雪，拂过每个人的脸，落在每个人的肩上，教师也不例外。每一位教师除了在学校的身份外，回到家里也是普通人，也有自己生活中的酸甜苦辣，生活中也有不顺心的事情。与其每天过得紧张，不如将自己的生活安排得多姿多彩一些。正所谓献身教育，不是当一天和尚撞一天钟，而是具有良好的前进力量。

"站在讲台上，我是阳光，走出学校，我有我的幸福。"认真对待生活，享受教育的美好，这才是作为一名教育者的美好姿态。

责任

肖老师在一篇文章中提到，很害怕把一般的语文课变成题海课，只图眼前的利益，失去了课堂该有的语文味，缺少了文化建构。

要说教育的未来在哪里，我认为最重要的是在于教师理念的更新。没有足够的时间来沉淀自己和进行深入的思考，经受不住孤独与寂寞，不可能取得成功。卓越的教师是怎么造就的，首先便是要具有自己所任教学科的高素养，要不断地进行课堂反思，要有不断提升的教学实践，要有足够的教学持久力。

"不忘初心，牢记使命"是我们经常谈论的话题。我们语文教师的教育初心又应该是什么？语文无处不在，语文的教学就是唤醒——文字，思想，生命。

作为一名语文教师，如果想要做到"真教语文，教真语文"，那么在平时的教学中就要做到教无止境，真正地实现"眼中有学生，心中有未来"。

教师怀有一颗坦然而淡定的心，学生方能沉静下来学习。当学生在课堂上回答不出问题时，如果我们选择耐心地等待，也许一分钟后，学生会给我们一个精彩的见解；当学生犯错误时，给他一次机会，也许多年后，他会感恩遇见。

学会调节自己，做真实的自己，教学相长，师生之间的互动是一种尊重，一种鞭策，一种激情，更是一种能触及灵魂的教育过程。教师不仅是育人，也是在育己。

轻轻合上此书，感谢肖培东老师，让我重新认识自己，认识教师，认识教育这份神圣的职业，让我找到了教育的美好姿态。

相遇不负　生命留痕

　　目前，"新基础教育"已经走进我们的视野，也成为我们教师教育实践的转折。为了更多地了解叶澜教授，我认真读了她的《俯仰间会悟：叶澜随笔读思录》。

　　这本书分三大部分："随笔""书序、刊首语""读书笔记"。其中，最让我感兴趣的是"随笔"。

生活有心，尽心不负

　　作为一名知名教授，我一直以为叶澜教授更关注教育教学问题，读完"生活启示录"部分，我发现叶澜教授就像是身边的一位朋友，向我们诉说着她的所见所闻。

　　《"车"与"道"的学问》讲述了她坐车时与司机交谈的内容，司机谈了超车、扩道、运输车超载的问题等，这些问题看起来都是我们坐车时的闲聊话题，可叶澜教授却将它记录下来，并发表了自己的感慨，"事与人只要相遇，只要深思，就会有问。学习是可以时时、事事发生的。"其实，我们的生活每天都在继续，只要我们用心观察，随时随地都可以向各行各业的高手学习，我们也会悄然发生变化，进步随之而来。

　　《心祭"汶川"大地震》写的是叶澜教授对汶川大地震的认识与思考，她称汶川大地震为"生命大剧"，此处的"大"，不仅仅指地域、规模、人数、时间持续意义上的大，还有生命力量之大，精神情怀之大，以及它留给我们的思考和启示之大。这次受灾者在获救过程中的表现，是一种"向死而生"，用精神的力量创造了"生命的奇迹"。我看到了叶澜教授对国家安危的关心与关注，她尤其关注儿童、青少年、教师，这是一名教育工作者的独特关怀。她讲到，"既然活着，就好好地活下去，活出个人样来！"

对话自然，感恩遇见

在快节奏的生活中，我们会被生活所累，无暇观赏身边的一草一木，而在叶澜教授的笔下，处处皆有生命。

一看《草花马兰头》这个题目就知道马兰头的地位，它比不上牡丹的鲜艳，比不上荷花的高洁，在作者的笔下却别有一番滋味：时常想和它对视，增添一份安静与优雅；尊重每一株小草，珍爱每一个生命。马兰头本身不大，花自然也是小的，其实就是长在田埂边的小小野菜，但在作者眼里却是对生命的尊重，也是对自我的尊重。生命的价值高低不在于大小，而在于被尊重，这就是一种胸怀。记得冰心在《谈生命》中提到，在生命的长河中，不管我们多么卑微、渺小，都会合成宇宙的进化。其实，我们每个人在生命的长河中或许就是一株马兰头，渴望得到尊重。

《"云"缘》中叶澜教授这样写"云"："云并不孤独，蓝天是它的陪伴；自己也有仰望星空的习惯，自然界的云不仅属于星空，也是我的'云'。"其实静思，"新基础教育"也像一片云，叶澜教授主持的"新基础教育"走过了20年，从结识到追随到相伴一生，正如叶教授所言："有的缘，要用一生才能结成！"

《紫园花事》写叶教授自己侍弄的园子"紫园"，从"土著""鹤翔"等名字中可以看出叶澜教授是一个有情调、善思考的人。她在文中写到："每一棵草木，都是在用生命与人们对话，天、地、人是相通的，虽然看起来普通，但是这些草木却让我得到心灵的净化，由小我逐渐走向大我。"人的思维方式很容易被某些事物遮盖，最不容易发现或者容易忽视的，反而是最重要的。在人与自然的相处中，人往往处于主体地位，对于身边的花草，可以说任意为之，更谈不上尊重与共处。而在叶澜教授的笔下，无名的花草也是被尊重、被关注的。正如她在教育理论研究中形成的观点——教育要让人学会认识自己、认识世界，从而把握自己的命运。

纪念抒怀，心存感恩

"不忘初心"，是现在经常被提及的字眼，每个教育工作者也有自己的职业初心，难得的是，叶澜教授在垂暮之年回顾自己的教育生涯时仍旧心存感恩。

《情系中国教育学会》是叶澜教授回顾自己与中国教育学会结缘的过程。从开始的入会，到后期的获奖，再到后来成长为中国教育学会副会长，可以看出叶澜教授的成长轨迹，由一名普通的一线教师成长为知名专家，每走一步都是她在浮华年代不随波逐流的体现。正如她自己所言：不惑于复杂变化的时代，不惑于名利、权力之诱，不惑于教育改革的百般艰难，不惑于捧场或诽谤……始终保持一份清醒和坚定，保持一份努力和从容，保持一份草根情结和创造活力……

《我心目中的刘佛年校长》是叶澜教授在刘佛年校长一百周年诞辰时写的一篇随笔，文中叶澜教授分享了几件她听过的有关刘校长的事情。其实叶澜教授不是刘校长的弟子，也非直接共事者，但刘校长却是叶澜教授心中的楷模。叶澜教授曾这样评价刘佛年校长，他是一个光明磊落、敬业执着、温存真诚的人。其实，这也是叶澜教授自己人生的写照，为中国的教育事业做出了杰出的贡献。

以身立学，生命留痕

《我的"基础教育"情结》讲述了叶澜教授从学习到参加工作再到与"新基础教育"结识的过程。用叶澜教授的话说，就是为创建面向21世纪的新型学校、为焕发学校的生命活力、为形成充满主动创造的学校生存方式、为实现中华民族伟大复兴的教育事业而研究。

《难能可贵的合作者》是叶澜教授回忆"新基础教育"研究一路走来合作过的学校、领导、教师。任何一项教育变革都需要领跑者，他们在研究中实干、创新。为了推进66所生态区学校的研究，叶澜教授亲自担任导师组长，大小活动都是亲力亲为，使研究步步深入，为不断地自我更新和创造性发展而努力。叶澜教授展示她强大的人格魅力，真诚待人，认真做事，让诸多校长、教师自发地行动并团结在她的周围，共同为基础教育的变革出一份力。

如果把读《俯仰间会悟：叶澜随笔读思录》这本书的过程当做一场旅行，前面无疑是轻松的、愉悦的，犹如平原漫步，花草满路，清爽宜人；但终于还是看到了山，一座高山，一座以基础教育研究为主体高高矗立起来的山。我要鼓足勇气攀登这座山了，只有攀上这座山，才能看到更广大的风景。

在叶澜教授的教育学视野中，核心的概念是"人"。她认为，在我国教育学理论中，最缺少的是"人"的意识和"人"的研究。这个"人"，不是"抽象的人"，而是"具体个人"。她认为，从对"抽象的人"的研究向"具体个人"的研究转变，是教与学必须补上的更为重要的另一半。而她，"决心为添上这一半而努力"。这就是她萌生进行"新基础教育"实践探索的最初动力，也是她长久关注基础教育后"俯仰之间会悟"的结果。

可以说，这个"会悟"价值十足。也许，并不是只有她一个人"会悟"到了这个结果。但是，能在"会悟"之后加以行动、改变这种现状的，又能有几人？十多年如一日，持续地把这项研究做大做强、成为一个品牌、一个流派的，又能有几人？这恐怕是叶澜教授留给中国当代教育学的最大的成果之一。

叶澜教授教育学视野中的"人"，除了学生，还有教师。她认为，教师是基础教育的主力军，教师工作的本质是创造，创造表现在"转化"上，这个转化就是教育的独特魅力。教师的创造还表现为引领学生的精神成长，实现学生的全面蜕变。

目前，"新基础教育"已经遍地开花，已有多所试点学校，这些试点学校经过改革之后，发生了很大变化。从"使命"角度来看，叶澜教授认为"教师的事业是对学生负责的事业"。每个教师，只有抬头看路，才是在走属于自己的路。这种对教师角色创造性特质的认可，促使广大教师有可能从日复一日的知识传递者的自我定位中解放出来，重新看待自己的角色，从而唤醒内在的创造激情，成为自己工作的主人。教师的角色如果没有被唤醒，也就不可能有"新基础教育"持续、广泛、的深入开展，也就没有"生命·实践"教育学派对教育的影响力。正如她自己所说，今天中国的教育变革，首先有教师的变化才能有学生的变化。

对教师角色特质的关注，对一线教师工作重要性的认可，成了基础教育能够焕发出勃勃生机、日益走向发展壮大的关键因素。很多的教育改革理念不可谓不新，初衷不可谓不良苦，但行不及远便风流云散，其中一个重要的原因，恐怕就是没有看到教师的力量，没有真正发动教师，成为担纲教育改革的"主力军"。

叶澜教授对一线教师"生境"的重视，还体现在她谦虚谨慎、虚怀若谷的为人风范上。作为"新基础教育"研究和"生命·实践"教育学派的创始人，她并不以此自居，高高在上。恰恰相反，她把自己看得很低。她认为参与"新基础教育"实践研究的教师群体，是实践研究的积极向上者，也是有意义的知识传承者，没有这群先行者，"新基础教育"研究不可能有今天的成就。

正是她这种发自内心的真诚评价，感动了无数参与"新基础教育"的校长和教师，他们自发地行动、自觉地团结在叶澜教授的周围，一起走过 20 年的风风雨雨，共同为基础教育的变革出一份力、尽一份心，这是一项由很多人公共创造的成果。

对于"新基础教育"的未来，叶澜教授提出六个字——"扎根、拓展、延伸"，即在基地学校中扎根，在参与学校中拓展，向幼儿园和高中延伸。叶澜教授是领导者，又是亲耕者，一个人一辈子专注做好一件事已经很了不起了，更何况她关注的是教育的发展。

每一朵花都有盛开的理由

关注每一个学生，平等地对待每一个学生，是我们每一位教师的基本工作态度。暑假期间我拜读了吴庆琳主编的《一百个孩子，一百个世界》。记忆犹新的是第一章的内容《真切关照每一个孩子》《一个都不能少》，让我感同身受。

"老师，我继续去帮卫生区的同学吧。"这是周一的早晨，我刚进教室迎来第一句"问候"，"谢谢你，我一会也去。"看着李强（化名）同学拿着卫生工具远去的背影，我的心中充满感动。

记得初一刚分班，他是体型最胖的一个。个子不高，脸上洋溢着灿烂的笑容，眼睛很小，微微一笑眼睛就不见了，腮帮子的两片肉随着身体的运动不停地上下抖动。西瓜肚将他加大号的校服塞得满满的，走起路来左右摇摆，班里的同学私下称他为"小土豆"。

开学第一周的周一早上检查作业，我看见他总是在教室门口磨叽，迟迟不肯拿出作业，我站在一边，并没有训斥他，只是默默地站着，果然他是最后一个上交作业的。我抱着周末作业本到办公室批阅，一看到李强（化名）同学上交的是空本，脑袋"嗡"的一下，真是有点过分，但还是按捺住心中的怒火，想想或许是有原因。接着，听到的是各个任课教师反映他上交的作业严重"缩水"，要么没写完，要么没写。

第一周就出现这种情况，什么原因？我拿起电话向他母亲了解情况。当我询问李强（化名）小学作业的完成情况时，他的妈妈哽咽了。他妈妈说自己身体不好，常年生病住院，爸爸跑大车，从小顾不上他。从一年级开始在班里的成绩就是倒数，很少有同学愿意和他玩，又加上身体肥胖的原因，多数时候都是独来独往。听着他母亲的讲述，我心头一酸，眼前出现一个场景：

夕阳西下，一个小胖子背着书包，独自走在回家的路上，陪伴他的只有夕阳和路边的无名小草，一边低着头一边踢着小石子，落寞地回到家，却望不见妈妈的身影，只能在院子里跟小狗玩耍……

因为李强（化名）同学小学的学习基础较差，接下来的日子我就单独给他布置作业，或者给他减少作业的难度，让他养成写作业的习惯。

作文课是他最发愁的时候，两节课写不了几行，问他原因，他说从来没上交过作文。我和他商定，可以模仿作文课的例文文章，如果两节课的时间能凭借记忆模仿三分之二，我就会给他得最高分，这对他来说也是一项挑战。他需要认真听例文，还要分析这篇例文的好处，要记住三分之二已经不容易了。一开始他只能模仿一半，但是我也会给他打一个高的分数，留一个"笑脸"，慢慢地，上语文课他开始专注，笔记逐渐进步，作业也由应付到一笔一画地写。

课间操跑操，体型偏胖的李强（化名）会主动站在最后一排。当我和学生跑完一圈的时候，他已经脱离队伍，但依旧在坚持。当我们集合队伍时，他会在最后向我们跑来，看着那红扑扑的脸蛋，我会向他伸出大拇指。对于很多同学来说，跑操不是难事，但是对于体型偏胖的他来说，每天的课间操无疑是一场"折磨"，但李强（化名）依旧在努力证明自己。

体育考试最让人揪心。在体育考试的赛场上，偌大的操场只有他自己跑到最后。即使跑步倒数第一，他也从不放弃，因为他知道如果放弃就是对自己不负责任，也是对班级不负责。

身边的同学也发现李强（化名）同学在慢慢改变，已经由入学时的沉默寡言、独来独往慢慢变得开朗，现在在班内已属于热心的同学。"老师，我帮值日生擦黑板吧！""老师，我帮着去倒垃圾吧。""老师，我去拿班牌。"这样的主动，已经成为他的习惯。

李强（化名）的学习成绩也由入学时班内的后几名慢慢上升为中游，周末或者假期，我会利用QQ或电话和他交流，鼓励他不仅要好好学习，还要在家帮助父母干家务。每次开家长会，我都会表扬他。即使在疫情防控期间，他也没有因为网课而掉队，每次的作业都按时上交，得到多位老师的表扬。他的妈妈也多次和我交流，孩子在家进步很大，回到家主动干家务，早上早起跑步，还和奶奶一起卖豆腐，自觉完成作业……

"每个孩子都是独一无二的，既是教育的起点，也是教育的终点，不管他多么聪明或愚笨，都是不可替代的存在。让教育还原为本色的教育，就是尊重、实践教育规律。让教育成为接受者愉悦接受的教育，就是以学生健康发展为本。" 作为一名教师，我将做一名"麦田的守望者"，坚定"一个也不能少"的信念，始终相信每一朵花都有盛开的理由，和学生一起成长！

百态人生　人生百态

　　"书味在胸中，甘于饮陈酒。"一本好书犹如一壶上等佳酿，散发着迷人的芬芳。吴敬梓写的《儒林外史》，通过一个个鲜活的人物对当时吏治的腐败和礼教的虚伪进行了批判和嘲讽，与此同时，也热情地赞扬了少数坚持自我、守护人性的人，在他们身上寄托了自己的理想。在追求更好生活的同时，也有一些人丧失本性而误入歧途，引人深思。

　　在《儒林外史》中，我印象最深的就是吝啬鬼——严监生。严监生是中国小说史上殿堂级的吝啬鬼，临死前还指着两根灯草，迟迟不愿咽气。严监生家财万贯，但是生活中却节俭到令人发指，这是为什么呢？究其原因，就不得不提他的哥哥严贡生，一个蛮横无理、欺诈贪婪的人。

　　明明是严贡生扣住了人家的猪，非但不还，当人家来讨猪时，还打折了人家的腿；明明没有借钱给人家，却偏要人家还利息，别人求情也不肯；明明不想给人家船钱，却故意用几片云片糕设下圈套，装模作样地说船艄公吃的是他的名贵药物，价值"几百两银子"，并发怒要把船家送到汤老爷衙里问罪，赖了船钱才扬长而去；明明要侵吞同胞兄弟的家产，却硬不承认赵氏已经扶正的事实，把赵氏赶到厢房去住，仍以妾相待。以上种种典型事实的描写，揭露了严贡生的卑劣本性。

　　严贡生生活不富裕，而他的弟弟严监生却腰缠万贯，所以作为哥哥的他惹了事之后，一般都是弟弟严监生来收拾这些烂摊子，所以严监生不得不节俭再节俭。

　　但严监生也不是没有优点的，他也有慷慨、有人情味的一面，他以金钱作为护身符，消灾弭难，苟且偷安。正妻王氏病后，他请名医，煎服人参，毫不含糊。王氏死后，他深情悼念，伏着灵床哭了一场，这不是"做戏"的眼泪。诚如闲斋老人的评语："此亦柴米夫妻同甘共苦之真情。"

除此之外，严监生还胆小卑微，至死也怕严老大。他主要靠两种方式敛财：一是剥削占有；二是惨淡经营，精打细算，甚至靠"自虐"来减少开支。

作者对严监生这个人物的畸形灵魂进行了多层面发掘，有利于引发读者思考人生。

同时，这部书也有对极力追求功名利禄社会风气的讽刺。范进去考试，因没有盘费，与丈人商议，怎知被胡屠户骂了个狗血淋头，说他是"癞蛤蟆想吃天鹅肉"，把范进骂得"摸门不着"。到出榜那天，家中无米，母亲让范进抱母鸡上集市卖了换米。这时传来范进中举的喜报，范进从集市上被找了回来，得知消息后，范进竟然高兴得疯了。还是他的老丈人胡屠户一巴掌打醒了他，治好了疯病。转眼工夫，范进时来运转，财源广进，连胡屠户也一反常态，称他为"文曲星"，说他"才学又高，品貌又好"。这个故事深刻地揭露了八股科举制度对古代文人的摧残和胡屠户那趋炎附势、"变色龙"的性格特征，令人深思。

在这本书中也有正面人物。《儒林外史》最开始描写了一个乡村少年王冕，因家境贫寒，从小替秦老放牛，但他却勤奋好学，用攒下的点心钱买书看。由于王冕聪明勤勉，又博览群书，还画得一手好荷花，不到二十岁便成了县内的名人。他不愿意求取功名利禄，县令登门拜访，他躲避不见，朱元璋授他咨议参军之职，他也不接受。王冕怕再有人聘他做官，就逃到会稽山中，过着隐居的生活。像这样淡泊名利、孝顺、懂事、洁身自好、不畏权贵的读书人，在作者生活的年代真是少之又少。

说起《儒林外史》，多数人可能没有像对《三国演义》《水浒传》等名著那样熟悉。《儒林外史》最主要的艺术成就在于它的讽刺艺术。它将讽刺融入故事情节及人物性格的描绘中，通过细节的描写、人物的对话，三言两语就显示出现象本身的矛盾与荒谬，产生了强烈的讽刺效果。

读《儒林外史》，仿佛经过一条历史长廊，栩栩如生，身临其境！时而为当时士人名流的庸俗可笑而叹息，时而又为贪官污吏的卑鄙丑恶而愤怒，时而为读书人考取功名的坎坷人生而悲叹。吴敬梓以其幽默诙谐的语言，给我们刻画了一个个栩栩如生的人物，可谓"百态人生，人生百态"。

信念·勇气

读了《林海雪原》，我一直在想什么样的人才是英雄。

记忆最深的还是杨子荣，一个相貌普通甚至还带些匪气的革命战士，他的目标就是要消灭威虎山上的匪徒。为了这一目标，他经常通宵不眠，凭着自己的满腔热血的坚定信念，终于上演了一场精彩而壮烈的"智取威虎山"。

为了完成"智取威虎山"的任务，打进威虎山内部，杨子荣大胆学习匪语。身为排长，单枪匹马，只身闯入坐山雕的地盘，在给坐山雕献礼时，杨子荣机智果敢的表现让人钦佩；面对坐山雕的关关卡口，层层验证，他凭借智慧终于获得了认可，并取得了土匪帮的信任，这是何等的胆量和豪气！独闯虎穴，智斗群匪，设百鸡宴，把一群土匪耍得团团乱转，这是何等的沉着冷静、机智过人！里应外合，冲锋在前，扫荡敌巢，这是何等的英雄壮举！当时人们就曾说，杨子荣智慧超群，脑袋一拍计上心来。头可断，血可流，但志不会改，这就是我心目中的英雄。

小分队的领导者少剑波，可谓独树一帜。面对错综复杂的斗争或危险时刻，他总能保持高度的自制力和警惕力，他在队员心中是"定心丸"，遇到事情时临危不乱让人心生佩服。他在率领队员奇袭奶头山、智破威虎山、调虎离山捣匪巢的三次大战中，巧使妙计，顾大局识大体，镇定自若，以少胜多，顺利攻克敌穴，立下了赫赫战功。

我无法忘记在林海雪原里牺牲和坚持奋斗的战士们，有医术高超的白鸽，精心呵护每一位伤员；还有力大无穷的"坦克"，冲锋陷阵，从不退缩。他们哪一个不是英雄？有一批战士，露宿在石洞，周围野兽出没是常事；在雪窖里休息，天气寒冷就以雪花为被。他们行走天堑，攀岩峭壁，可以说克服了难以想象的困难，他们真是勇猛无畏、顽强奋战的奇军。死，对于他们来说轻如鸿毛，无论出现怎样的危急情况，都不能退缩，所有的勇气只源于他们心中的一个目标——真正地解放老百姓，这种信念支撑着他们在暴风雪中一次次前行，取得最后的胜利。他们就像是一个个悦耳动听的音符，在林海的雪原上跳跃。

正是因为有了坚定不移的信念，正是因为对祖国和人民的满腔热忱，正是因为胸怀国家和民族，他们才会拥有"捐躯赴国难，视死忽如归"的信念，才会展现出豪气干云的风采。他们才是真正的英雄！

看了《林海雪原》，"结识"了这些英雄人物，让我在漫长的人生中得以思考，追逐光，成为光，绽放人生的光彩！

洗尽铅华总是真

一部优秀的文学作品，不仅在于情节构思和文笔是否优美，更要看它是否具有一种历久弥新的艺术魅力，以及穿越时空界限的生命力。《城南旧事》是林海音的自传体小说，她以自身生活经历作为创作的素材，语言结构独特，艺术特色鲜明，表现手法独具一格，在娓娓动听的真挚叙述中抒发了对童年的缅怀和对人间温暖的呼唤。

富有童真童趣，心理描写细腻。

作者在文中写到，"我站在骆驼的面前，看它们吃草料咀嚼的样子。那样丑的脸，那样长的牙，那样安静的态度，它们咀嚼的时候上牙和下牙交错地磨来磨去，大鼻孔里冒着热气，白沫子沾满了胡须。我看得呆了，自己的牙齿也动起来。"

这段文字以儿童的视角来观察骆驼咀嚼草料的神情与动作，想象一下，一只骆驼弓着身子吃着草，上牙和下牙磨着发出一些"滋滋"的声音，一些白泡泡慢慢渗出挂在嘴上，沾满胡须，别有一番乐趣。"我看得呆了，自己的牙齿也动起来。"从这句可以看出"我"深深地被骆驼吸引了。试想，如果作者对骆驼没有喜爱之情，她的观察也不会这么细致。

人物语言个性鲜明，讲究技巧。

这部小说的语言亲切自然，意境优美，如诗如画。"惠安馆"的三种口音叫法：宋妈叫"惠难馆"，说明他对苦难体会深刻；妈妈说"灰娃馆"，说明对娃娃很熟悉；爸爸称"飞安馆"，暗指那个学生远去了。这些富有特定意义的语言，体现了三个人不同的内心感受，也跟读者暗示了秀贞"发疯"的原因，巧妙新奇，含义深刻。

真挚含蓄，画面感强。

"妞儿"是英子的好朋友，文中描写她挨打后和英子相对而坐。"真奇怪，这些话都是我心里想的，并没有说出口，可是她怎么知道的就用眼泪来回答我。""她不说话，也不用袖子去抹眼，就用眼泪滴答滴答落在藤箱里，都被小油鸡和着米吃下去!"从两人对坐的画面中可以看出，两人的心灵相通，"妞儿"的可爱可怜就在这几句朴实的话语中体现出来，让读者如见其人，如闻其声。

意境恬淡柔美，增添无数魅力。

"长亭外，古道边，芳草碧连天……问君此去几时来。来时莫徘徊……"作者在最后借用了李叔同的这首骊歌，揭示了这部作品的主旋律。在这样的无奈和感叹中，"爸爸的花儿落了"，英子也真正长大了。"英子，不要怕，无论什么困难的事，只要硬着头皮去做，就闯过去了。"是的，"我也不再是小孩子"，这是英子对自己童年的总结和告白。

语言是一部书的传递工具，语言风格更能彰显作家的写作特点。《城南旧事》语言细腻、率真，以孩童清澈的视角，真实地体现了当时的社会情况，为我们展现出一段段不一样的悲欢故事。

林海音说过："在北京度过的 25 年可以说是我的金色年代，可以和故宫的琉璃瓦互映，北京城南的胡同、四合院，西山脚下的毛驴以及脖子上挂着铃铛的骆驼……这些都给了我无尽的创作灵感。"是啊，人们常说："上海是张爱玲的，北京是林海音的。"没错，从《城南旧事》这本书来看，林海音的童年就是北京的一道绚丽多彩的光芒!

时间是挽不回的水，一去不返，我们能做的唯有珍惜，让心中的那个童年永存……

平凡人生　坎坷遭遇

利用寒假的时间，我认真阅读了《骆驼祥子》一书，祥子的遭遇可谓坎坷波折。

祥子在父母双亡又失去土地时，来到了北平，他觉得自己身强力壮，便选择了拉车这一行业，他的梦想就是拥有一辆属于自己的人力车。

为了买辆车，祥子含辛茹苦、任劳任怨，除了吃饭用钱以外，其他地方几乎一文钱也不花。祥子终于买上了那辆日思夜想的人力车！他乐得不得了，直接把那天定为自己的生日。

有一次，祥子为了那两块钱（平常最多只有三毛），让兵给抓着了。祥子遭了刑，被兵夺了车，被迫一天到晚干苦力。那辆车子可是祥子干了三年才得到的！结果就这样被大兵给抢去了。

也许是祥子命不该绝，连夜逃跑时侥幸偷到了一匹骆驼。路过一个老人家，祥子索性把骆驼卖了，却只得了三十来块钱，从此还得了一个外号——"骆驼祥子"。值得庆幸的是，祥子依旧没有放弃自己的梦想，再一次攒钱买车。

也许是祥子时运不济，在干包月时，受主人牵连，辛辛苦苦赚来的钱又被孙侦探骗去，他的希望再一次被现实的冷水浇灭。

后来的祥子因为各种原因，被迫和虎妞结为夫妻，虎妞知道祥子所谓的梦想，以最低的价格从邻居那里买来一辆车，祥子又有车了。

但事情总是出人意料，虎妞因难产而死。祥子为了情分，给虎妞置办丧事，迫不得已把自己的车子卖掉。此时，祥子也得知自己所喜欢的小福子自杀，心中的最后一点希望也就这样破灭了。

就这样，三起三落，祥子买车的愿望始终就像一个肥皂泡，吹起来漂亮无比，破灭后暗淡无色，难以放到手中观赏。经过这么多的挫折以后，祥子的愿望完全熄灭。原来那个正值、执着、善良的祥子，彻底被生活打垮了。

祥子也完全堕落了。又是抽烟喝酒，又是偷奸耍滑，甚至去妓院，一天到晚吃喝嫖赌，不务正业，在混乱的世道中闪着善良之光的祥子不复存在了。他成了一个"行尸走肉的车夫"，一个披着人皮的"兽"，成为旧社会的陪葬品。

作家老舍作为观察者，用自己的笔来记录生活，怀着同情之心为我们展现中国旧社会的底层生活。这部作品经久不衰，其背后蕴含的控诉力量和深刻的批判精神，烙在了每个读者的心底。

人生如戏　生无所息

　　读完《活着》这本书，我对里面的一句话记忆犹新，"即使生命中的温情被撕扯得粉碎，也要好好活着。"薄薄的一本书道尽了一个人悲惨的一生。以笑的方式哭，在死亡的伴随下活着。

　　年少的福贵是一个有名的地主的儿子，享受着别人不曾有的荣华与待遇，放肆地羞辱着贤良的妻子。人往往是在满足与自得中堕落，福贵亦是如此。流连于花柳之地，可谓肆意妄为，形骸放浪。挥洒千金的豪迈，不知不觉的堕落，此时的福贵早已深陷赌场无法自拔。

　　家财散尽之后，福贵倒是老实了不少。平时对福贵严厉的父亲，在他输尽家财之时，并没有像以往那样打他，反而十分平静。

　　生命中所谓的幸与不幸，都是相对的，生命只是过往的累积，有一丝淡淡的忧伤。

　　后来，被岳父带走的家珍给落魄的福贵一个沉重打击，接着福贵又被战火殃及。记得家珍在生命弥留之际说的几句话，"我最大的愿望就是天天能看到自己的亲人，不想自己就这样死去，不图高官厚禄，而是留恋自己的家人，这是自己一生最宝贵的财富。"朴实的话语，朴素的思想，都是为了自己至亲至爱的人，或者这就是作为一个普通人，最想要留下的亲情吧！

　　有庆是第一个突然死去的。

　　作者对有庆的刻画令人印象深刻，一双闪烁的眼睛、短短的头发、迷人的酒窝，看到有庆，仿佛看到了希望。即使生活再艰难，他也能坦然面对，一直保持单纯而美好！有庆的生活充满热爱与执着，记得他拿了长跑冠军后，好像有一束光照射进家中，一切都在变得美好。可好景不长，勇敢善良的有庆竟然会因为过度献血而死亡。

悲剧在持续发生，每当看到生活中有一点点温存和希望时，又有一个个厄运降临。福贵的女儿凤霞找到了自己的幸福，却给福贵带来了更深的悲伤。难产带走了凤霞年轻的生命，凤霞的丈夫二喜因为吊车出了问题，被卡死在水泥中；外甥苦根跟着福贵回到贫困的乡下，生活很窘迫，温饱都解决不了，福贵便想到煮些豆子来当饭吃，结果苦根却因吃多而离世。

　　家珍、凤霞、二喜、苦根的相继离去，让这世间只剩下福贵孤零零的一个人。福贵却并没有沉湎于失去亲人的悲伤。这一切都在远去，只有福贵平静地向我们叙说着自己的遭遇。

　　旁人当福贵的过往是一段悲剧，而福贵却当它是一段人生。

　　夕阳西下，泛出片片光芒。黄昏转瞬即逝，黑夜降临。福贵短暂的一生经历了许多困难，但他还是活着，没有放弃生活，依旧为了活着而努力着，他虽平凡，却是伟大的。这本书巧妙地展示了一个人悲惨的一生，生命中的弱小和精神层面的坚强，让每个读者懂得微小的生命中也蕴含着如初升的太阳般闪耀的光芒。

　　《活着》是每个人的一面镜子，让每个读者明确为什么而活。作者有言，活下去需要的是忍受，忍受社会赋予每个人的幸福、孤独和平凡。

人性中的温情与善良

　　《许三观卖血记》中的主人公许三观是丝织厂的贫苦员工，日子虽然穷苦，但他却乐观、能干、善良、淳朴。全书就是围绕着他的日常生活小事而展开。

　　真正打动我的是他舍弃一切去救一乐。

　　许三观的诸多卖血经历中，有七次是为了一乐。是根龙和阿方带着许三观接触了卖血，在尝到甜头后，仗着自己在丝织厂锻炼出来的健壮身体，在每次遇到危难时许三观都会选择去卖血以解燃眉之急。

　　可在亲眼看见根龙和阿方都因为卖血而相继离世后，许三观害怕了，他还有老婆孩子，于是准备停下了。可偏偏这时一乐在乡下部队生了大病，需要去上海，钱从哪来呢？

　　他犹豫再三，决定放弃一切去救一乐，最终无计可施，他还是想到了卖血。他一路奔波，一路卖血，拖着虚弱的身体，也在奔波的途中感受到了人间的温情。有的人会给许三观送上热水，还有养猪人给他小猪仔暖和身体；还有那两个撑船的兄弟俩，虽然自己的日子也并不富裕，但在得知许三观的故事后义无反顾地卖自己的血来帮助许三观……也因为这些人的帮助，许三观有了继续走下去的希望。小说的构思巧妙之处就在于，许三观不顾自己的身体健康，不断卖血来拯救一乐，只是因为父亲对儿子的那一份最淳朴炽热的爱。但命运有时会跟自己开个天大的玩笑，出人意料的是一乐并不是他的儿子，而是妻子与别人的私生子。读到此处，不少读者都倍感唏嘘。但这种人性中的善良，在贫穷的背景下，依旧显得熠熠生辉。

　　许三观一生共卖了十二次血，他的血随着献出的次数越来越多也变得越来越淡，而让读者感到震惊的是他对生命的执着却越来越强烈。他的血可以说是为了整个家庭、为了自己的子女、为妻子而卖的，由刚开始尝到甜头到后来不得不卖血的无奈，由一开始的卖血治病到后期的卖血救命，这一路走过来的很多事情都是被迫选择的。

许三观大多数时候是抱着侥幸的心态去生活。记得书中写道当他六十岁时知道没人再要他的血的时候，他彻底崩溃了，自己觉得已经到了人生的尽头。许三观站在大街上大声哭喊，感叹自己老了，以后再也没有机会赚钱养家了，以后不知该如何应付家里的灾难。

在《许三观卖血记》的结尾，我以为许三观就要这样为了一乐死掉，可作者却给了我惊喜，而细细想来却又在预料之中。许三观在饭店里吃着猪肝和黄酒，又回到他一开始卖血后的情景，所有往事烟消云散。

许三观是普通老百姓中的一员，他从小没有父母的陪伴，属于孤独的行者，一次偶然的卖血经历，让他的人生被改写。家里一次次难以度过的危机，都是靠他去解决的，足见他的责任与担当！

为了自己和家人的幸福不惜牺牲自己的生命，许三观的这种精神是值得肯定的，在让人感到怜惜的同时又令人敬佩，这，就是人性中的善良。

等待·坚守

远离都市的繁华与喧嚣，景色柔美宁静，让我想起沈从文的《边城》。

一条小溪，一座小塔，一户人家，一个老人，一个女孩，一只黄狗……一幅和谐的画面显现在眼前，夕阳西下，青葱的山，清澈的水，哺育了茶桐小镇朴实的人。

江南夜景，翠翠在江边兴致勃勃地看鸭子，在慈爱爷爷的陪伴下，翠翠好似是天地间最幸福的女孩。在江的对面，有一个人默默地注视她——傩送，一眼万年，从此，两人有了不解之缘。

翠翠对爱情的渴望是天真的，也是平凡的，她的梦想很朴素，就是找个踏实、心爱的人，安稳地过日子，没有追求轰轰烈烈的想法，也不会要什么刻骨铭心。此时，一份朴素纯真的爱情，不加任何修饰地来了她身边……

当傩送被迫娶富家小姐时，他拒绝了，心有所属不愿多说，一句"要船不要房"便直接回绝了这门亲事。翠翠的爷爷听到后，误以为傩送真的要到他们家做出一些事情。一生贫苦无所依靠的祖父，把孙女这个唯一的亲人看作是他自己的生命。当爷爷回过神来时，却发现早已人去楼空，傩送走了。雷雨交加，爷爷的嘴唇发紫，脸色苍白，爷爷也走了，翠翠一生中最重要的两个男人都走了。

翠翠开始在河岸无尽地等待，等待的滋味是最不好受的，但她必须等。多少次，她泪流满面；多少次，她心有戚戚，空悲切！多少次，相处的时光在记忆中徘徊。可是，他已经走了。

等待，是一种不好受的滋味，她只有在梦中才能回味爱情的美好。可梦醒之后，就又要回到可怕的现实。于是，她依旧选择坐在岸边，苦苦等候。就算永远等不到他回来的那一天，翠翠依旧会选择继续等，等到两鬓斑白，等到海枯石烂。

那时的江南小城因为他们的爱恋而变得轰轰烈烈，又因为他们的离别变得冷冷清清。

而翠翠，除了等待心中的幸福，试想一下，她还有别的出路可以寻找幸福吗？这是发生在翠翠身上的故事，同时也是发生在无数个渴望幸福、追求幸福的女人身上的故事。

沈从文巧妙地将人物、主题和背景融合为一体，既展现了湘西淳朴的民风，又道出了普通百姓在现实生活中的无奈与憧憬……

成长中的记忆

窗外，风起，雨落。

丝丝雨滴从水雾弥漫的空中奔涌而来，像是一个人的回忆零散在面前。是否又记起了她？那段难以割舍的记忆。

她，是苏了了，一个正处青春期的少女。丹妮，那个像清泉般的青年女子，给苏了了带来内心的翻腾。丹妮是苏了了的一个梦，苏了了内心最向往的梦啊！Y老师却将她撕毁了了，她撕毁了苏了了的梦！那一刻，苏了了的心强烈地颤动了，她的心仿佛被人掏空了一般。很长一段时间，她沉浸在失去丹妮的悲伤中无法自拔。恍然间，像有一双手指引她一般，她走进灰楼，看到了思念已久的身影，那个身影是她最熟悉的丹妮。从此，灰楼成为她们交谈的地点。

当苏了了将班级的团体操搞砸时，丹妮告诉她每个人都有好几个自己；当莫克用恶毒的语言攻击苏了了时，丹妮告诉她那是莫克用憎恨的方式来喜欢她；当苏了了的同学秋子死去后，丹妮告诉她秋子的梦已经破碎不堪。而随着了了的长大，丹妮的脸色却越发苍白，当苏了了真正长大时，丹妮消失了，她只能陪伴了了度过童年和少年，度过最混乱也最纯洁的时期。了了的心又一次疼了起来，疼得撕心裂肺。她跑到灰楼，却发现那曾经如诗如画的灰楼已经无影无踪。那个陪她走过青春期的长长雨季，陪着她一点点成长、一步步走出孤僻而青涩的时光、走进真实多变生活的丹妮真的走了，而苏了了的青春期也画上了一个圆满的句号。

猛然间发现，我好像看到了苏了了的生命过程，她的疑惑、惊慌失措、兴奋不已。再仔细一看，自己所看到的苏了了的身影，和往日的自己又有什么区别呢？

风继续吹着，渐渐地，渐渐地，风力减缓了，然而，挥之不去的，是那如诗如画的灰楼和如梦般的丹妮……

有人说最美的季节是青春，身体的变化、心理的变化，还有感情的种子也在此刻发芽，这是属于每个人的小秘密。在这个特殊的时期，需要有人来进行疏通、引导，防止青春期误入歧途。成长的过程中会有一个个小插曲伴随，需要我们理智面对，不能因为一时的冲动而造成一生的悔恨。

当然，《靠近你，靠近我》也给我们教师上了宝贵的一课。面对正值青春期的学生，我们能做的不仅仅是知识的传授，还要懂得共情学生的心理，引导他们将青春期看作是成长中的一个驿站，关爱自己的身体，珍爱生命。

雨，不返

对于汪曾祺先生的《人间草木》来说，一棵草、一只昆虫、一次行程、一种记忆就是一件往事、一段情愫。合上《昆明的雨》一文，脑海中不觉浮现下面的场景。

氤氲的雨丝毫没有要停下来的意思，一朵朵白云此刻也藏起了印记。无数次让我魂牵梦萦的地方此刻又引起我的回忆：一排排整齐的房屋犹如一个个年长的老人在诉说着历史，温柔地讲述着这个村子发生的故事。这里远离了熙熙攘攘的街道，远离了喧嚣的人群。不远处有即将收割的小麦、朵朵铺满荷塘的荷叶、此起彼伏的蝉鸣蛙叫。这个村庄就像是一个不谙世事、悠然的隐士，也是一处令人向往的世外桃源。这儿，就是我小时候的家乡。

那时，我家的院子很大，菜园、花园各有一个。花园里那棵最年长、最具活力的梧桐树，仍然不断地生长着。有一天，没想到它的根竟然生长到我们住的客厅，使水泥地有了裂痕。为此，妈妈犹豫了很久，将梧桐树留下还是砍除。最后我们一家人商量决定保留它，我们已经成了"默契"的一家人。

那时，我们家的院墙很矮。站在院子里，稍微抬起脚跟，就能看到邻居家的院子。到了收获的季节，我家的苹果给邻居送去，邻居家的葡萄给我家送来。彼此有聊不完的话题，幸福极了！

不久，我们家翻修新房，将那棵梧桐树留了下来，四周用砖给它围了一个圈，在树下又种了些小草小花，显得更有生机。我喜欢雨天静静地倚靠在母亲的臂弯中，看着雨水冲洗着院子里的一切。梧桐树的枝叶一会儿随风起舞，一会儿在雨里静默着。秋雨，凉飕飕的，吹拂在脸上，混着花的清香和泥土的清新，惬意极了！

一会儿，雨下得更大了，屋顶上，一层层雨雾似缥缈的白纱。雨滴轻轻地亲吻大地，最后融入大地的怀抱中。此刻，如果静心倾听，耳边便会传来"沙沙沙"的声音，没有任何杂音，人也跟着净化。抬头仰望，从天空到地面，丝丝珠帘如层层缕衣，笼罩着整个大地，弥漫在心间……

雨在不同的季节绽放，样态也各有不同。在每个下雨的日子，我喜欢静静地欣赏，望着雨雾迷蒙的村子，一排排整齐的房屋，令人遐思，仿佛置身于仙境一般……

又是一个飘雨的秋季。

院中的雨，渐渐地不再那么调皮，一会儿竟然停了，它好像心有灵犀，知道即将发生的一切。天，依旧灰蒙蒙的。

眼前，还是熟悉的雨、熟悉的树、熟悉的墙、熟悉的邻居，熟悉的村落，只是，我们要离开这里了。

梧桐树上的雨，打在我的脸上、身上，似在挽留、似在倾诉。这一滴滴清凉的雨，你是想要为我抚去脸上的泪水吧，可是你为何也要流下这么多的"泪"，不仅打湿了我的脸，还打湿了我的心。

车子渐行渐远，雨却追上来，拼命地敲打着车窗。我不敢回头，没有勇气回头再看一眼那雨中陪伴自己的家。雨越下越大，地上的水汇成了一条条小溪……

雨中的世界是朦胧的，心中的故乡是温暖的。

心中柔软的记忆

　　"哪里留存过你的记忆，哪里就是你的故乡。"这是《薄薄的故乡》留给我印象最深的一句话。

　　随着年龄的增长，回老家的次数越来越少，但对家乡的记忆却越发深刻。最让我难忘的便是家乡的石佛寺。

　　春天来了，寺庙里呈现出一派勃勃生机。柳树下，几位老人在聚精会神地下棋，小孩儿们也凑过去观看，议论着输赢，不时还会传来阵阵掌声。走到池塘边，春风轻轻地吹拂着，池塘泛起层层涟漪，风停时，池塘则绿得像一块闪闪发光的翡翠。池塘周围的草不知不觉间吐了发芽，一片片浮萍也来凑热闹，热心地给池塘盖上一层绿色被子。到了傍晚，男女老少都出来散步，在灯下踢毽子、跳皮筋，忙得不亦乐乎。

　　夏天来了，蝉鸣声在我耳边回荡。抬头一看，映入眼帘的是石佛寺道路两旁高大、翠绿而又茂盛的杨树。看，池塘边，几个小孩儿拿着袋子正在忙碌着。原来，他们在抓蝌蚪。这个季节是池塘最美的季节，荷叶绿绿的，圆圆的，荷花逐渐蔓延整个池塘。荷花粉粉的，嫩嫩的，美极了！蜻蜓也飞来作伴，停在荷花上。远处的鱼儿也来凑热闹，一边玩耍一边比赛吹泡泡。

　　秋天来了，秋风送来一阵阵萧瑟的气息。石佛寺里，片片红叶伴随着秋风翩翩起舞，起落间略微有一丝凉意。站在石佛寺的台阶上，抬头一看，有时会看到南飞的大雁，一只只大雁排成不同的队形，一会儿排成"人"字，一会儿排成"一"字，整齐而又变幻有序的队形给湛蓝的天空增添了几分生机。华灯初上，萧瑟的秋风带来阵阵寒意，但人们还是会来这里锻炼，老人们打太极，年轻人打羽毛球，远远望去又为寺庙又增添了一线风景。

　　冬天悄然而至，清晨，轻轻打开窗户，一股凉风迎面吹来。"忽如一夜春风来，千树万树梨花开。"瑞雪兆丰年，雪温柔而又细腻。一个幽静的世界展现在人们面前，孩子们更是喜欢这个晶莹剔透的童话般的世界。人们按捺不住心中的喜悦，出来欣赏这雪白的世界。雪后的石佛寺更有一番别样的美丽，周围的树木穿上层层的棉衣，整个大地笼罩在白茫茫之中，虽然没有了鸟儿的歌唱，但孩子们的嬉戏又为寺庙增添了活力。夕阳西下，有的人在河面上打陀螺，回忆童年的美好时光，孩子们成群地打雪仗、堆雪人，发出一阵阵欢声笑语。

"为什么我的眼里常含泪水，因为我对这土地爱得深沉。"如今我远离家乡来到城市，虽然不能经常回家，但我依然爱着家乡的石佛寺。

守护心中的一片净土

　　窗外，雪纷纷扬扬地下着，一片片雪花在空中飞舞。我闲来无事，随手从书架上抽出了一本书，仔细一看，竟是《林清玄散文集》。封面上的一句话吸引了我：美丽的辞藻总是短暂的，只有真正的思想才可以恒久。

　　信手翻开一篇，题目是《送一轮明月给他》。文章大意是这样的：一位禅师遇到了小偷，他并没有责罚他，而是将自己的外套披在小偷身上，说："夜凉了，你带着这衣服走吧。"小偷不知所措，很快消失在了夜幕中。禅师感慨道："但愿我能送一轮明月给他。"

　　第二天清晨，他看到自己的外套整齐地叠放在床头，高兴地说："我终于送了他一轮明月！"

　　读到这儿，我才明白，原来这里的"明月"指的是人性的光辉与人间的真善美，禅师用自己的大爱驱走了小偷内心的黑暗和乌云。

　　读完了这篇，我便一发不可收，一篇篇地读，一点点地感悟，一次一次地反思。在读书、感悟与反思的过程中，我浮躁的心开始平静下来。

　　终于，暮色时分，我合起了这本书来到窗前。天气依旧那么寒冷，可我的心却像被春风吹过。林清玄的文字，带给了我思考，带给了我宁静，带给了我平和。

　　回顾这些文章，《清欢》《生命的化妆》《走向生命的大美》《太阳雨》《幸福的开关》……朴实的文字，发自肺腑的感悟，清新脱俗的表述，让我深深爱上了这位文学大师——林清玄。他的散文朴实、优雅，而他的安静却是他最丰富的色彩。

　　他的文字，让我的身心得到了净化，仿佛沐浴着初晨的阳光。从他的文字中，我读出了幸福、惆怅、宁静、关爱、恬淡、自然、包容……

做一朵怒放的葵花

"珍惜生命中每个相遇，在我人生的底色上，涂上一点粉红，在向晚的风里，微微生香。"在丁立梅老师的笔下，每个字似乎都被赋予了一种真挚的情感。

丁立梅老师的每一篇文章就似一朵花，每一朵花都能表达出一种美丽的情感。有的是岁月的悠悠荡漾，有的是生命的逝去与别离，有的是爱的相依为命。就是这样一朵又一朵花的盛开，一点又一点的情感在心头荡漾。那篇《祖母的葵花》，更是在我的心头泛起了层层涟漪……

祖母的葵花没有牡丹的雍容华贵，也没有菊花的隐逸情怀，它仅仅是百花中微不足道的一分子，非常普通。但是，它们的热情却深深打动了丁立梅老师。在丁立梅老师的记忆里，一片片金黄的葵花，浓浓密密地拥簇在无垠的田野里，还有她可亲的祖母，用辛勤的汗水浇灌幼苗，用喜悦的笑声收获果实。

当我读到那句"祖母老了，老得连葵花也种不动了"时，我也不禁回首过往，仿佛回到了小时候和祖母在一起的温暖岁月，单纯又美好。

小时候，我和祖母生活在一起。祖母家有个小院子，住的是两层小阁楼。庭院里，祖母种下了许多不知名的花花草草。祖母和多数乡下老人一样，不会种那些名贵的花，专挑好养活的花草来种。我和祖母找块空闲地，埋上种子或插上花秧，剩下的就全凭它们自己努力。这些无名的花草倒也争气，纷纷在院子里安家，装扮着小院。

后来，我回到了父母身边。每当我们要回祖母家时，都会提前给祖母打个电话，祖母每每听到我们要来，高兴得不得了，总是会提前给我们做好一桌香喷喷的饭菜。

　　临走时，祖母都会掏出用布层层包裹好的钱偷偷塞给我，小声地说："零碎花，回去买糖吃。"此时，我看到的是祖母劳累过度后变形的手指，手上挂满了老茧。

　　祖母虽然不识字，但每次我们通电话，她总能在电话里听出我的喜怒哀乐，在我失意时默默鼓励我，安慰我。祖母的话语中虽然没有华丽的辞藻，但是朴实的语言背后却浸透着无尽的关爱。

　　岁月匆匆，祖父去世两年，我们再一次搬家，回去看祖母的次数也越来越少，母亲让祖母和我们一起住，但祖母却执意要住在乡下。那个小阁楼里空荡荡的，只剩下祖母一个人了，祖母种的花草已经慢慢枯萎，往日的生机早已一去不复返。这世界上，最让人感到惆怅的事情就是曾经令人感到欢欣、使人早已习惯的过往，被时光拂得干干净净，连一粒尘埃都没有留下。你试图寻找以前的回忆，却不得不接受之前所有的一切早已物是人非，成为过往云烟了。

　　时光终究是抓不住的，曾经拥有的都会渐渐远去，别离的忧伤在心头笼上一层薄纱，曾经的回忆汇成溪流在心间流淌。天地缥缈，万水千山，你想凭吊也无所依凭了。等感受到那种疼，岁月已不知过去多久了。

温暖的回忆　善良的坚守

　　闲暇时间又读曹文轩。这次读了《麦子的嚎叫》，带给我心灵的温暖和慰藉。这本书用一个个真情实感的小故事讲述主人公各自不同的经历，但相同的是每个主人公身上都散发着善良的光芒。

　　一个性格古怪而孤僻的老头，一头独角而年迈的老牛，还有那随风飞舞的十一根红布条，在风中跳跃着，为我们讲述那段感人肺腑的故事……

　　麻子爷爷的性格有些古怪，村里的孩子只要一见到他就发怵，因此麻子爷爷总是被人们孤立。可无论麻子爷爷再怎么孤僻，身边总是会跟着一头独角牛，而让孩子们感兴趣的正是独角牛的独角。独角牛的角是麻子爷爷刚刚把牛买回来时，亲手锯掉的。

　　麻子爷爷的家在村子后面的小河边，孤零零的，仿佛与世隔绝，远离这个喧嚣的世界。

　　麻子爷爷居住的地方河网密布，大河小河纵横交错，几乎家家都靠近河边。太阳一出来，柔和的阳光铺洒在水面上，波光粼粼，煞是好看。只有孩子失足掉落到水里的时候，大人们才会记起麻子爷爷这个人，准确地说是记起那头独角牛。

　　可以说这头独角牛曾是村里人们最信任的救援者。随着时间的流淌，村子里有了医生，这头独角牛和麻子爷爷渐渐被人们遗忘。

　　可就在发秋水后的一天，一个名叫亮仔的孩子失足掉落水中，医生外出采购药品。这时，大家终于记起麻子爷爷的独角牛。

　　"快，快去牵麻子爷爷的独角牛！"

　　一声疾呼，一个小伙子急急忙忙来到麻子爷爷的家，破门而入后却见到麻子爷爷蜷缩在床上的一角，身体一动不动（他很多时间都是躺在床上度过的），微弱地喘着粗气，并且伴随着阵阵咳嗽。当麻子爷爷听懂了小伙子的求救后，颤颤巍巍地翻下床，快跑到拴着牛的树底下。此刻，他的手也僵硬了，哆哆嗦嗦地解开绳子，可总是不行，急得麻子爷爷直跺脚。好不容易解开牛绳，麻子爷爷立马牵着牛向外跑去。

亮仔最终被救醒了，人们郑重地在独角牛的头上拴上了一条红布条。

此时的麻子爷爷在一旁的草垛上早已没了呼吸，可是独角牛似乎不相信这个事实，它来回走动，嘴里发出"呜呜"的声音，似乎是想要带着主人回家。

麻子爷爷下葬的时候，身上洒落下一个布袋，人们打开发现里面有十根红布条，加上独角牛头上戴的那一根，一共十一根红布条。十一根布条就是十一个孩子的命啊。

麻子爷爷为何锯掉牛的一只角呢？那是因为在牛刚被买回来时，就被派去打谷场救人，不料牛却用它的角去顶人，结果孩子没有救活，那天，这只角就被麻子爷爷给锯掉了。

过了几天，有人在河滩上发现了独角牛的尸体，它的身体一半在岸上，一半掉落到水里，河的对岸就是埋葬麻子爷爷的地方。

十一根鲜艳的红布条，随着河上的风一起飘舞，唱着一首首永不磨灭的赞歌……

留在心底的情怀

吃完饭打开电视，电视里正好播放《舌尖上的中国》，不由想起自己刚刚看完的《一饭一世界》。这本书结构独特，由一个个故事串联而成，简短而意蕴深刻，还有许多生活中的饮食细节，让读者耳目一新。

小时候家住在农村，父母工作比较忙，我是祖母带大的。每到新年，祖母就张罗着炸鱼，这可是我小时候最盼望的一道菜。带鱼由祖父从集上买回来，有时还没化冻，祖母就将鱼放到盆里，加上凉水，让水漫过鱼，放到太阳底下，让它化冻快一些。我问祖母为什么不加热水，祖母说那样不是自然化冻，做出来就跑味了。我似懂非懂，一会儿去看看，鱼身子慢慢软了，再过半个小时，鱼头的冰也慢慢脱落，一下午我就是在希望鱼尽快解冻中度过。夕阳西下，祖母来到院子里，用筷子试试，向我微微一笑，"做鱼吃喽。"此刻我朝祖母飞快跑去，和祖母一起将鱼洗干净。

祖母将洗好的鱼截成小长方形，放到盆里，加入熬好的花椒水，放入盐、葱等佐料浸泡一个小时。

夜幕降临，鱼经过腌制也变得柔软，此刻，祖母带上围裙，一个盆里放好面糊，一个盆里放着腌好的鱼。等到锅里的油稍微冒烟后，祖母将鱼挂上面糊贴着锅边轻轻放进去，锅里立刻发出"吱吱"的响声。整个家里都弥漫着鱼的香味，站在旁边的我已经垂涎欲滴了。

待到家人都回来，所有的菜都摆上桌，这道炸鱼就是最抢手的，家里的大人都舍不得吃。

现在祖母已经离世，家里的生活水平也提高了。我自己成家后，每年的除夕会学着祖母的做法来炸鱼，但是却一直做不出祖母那样酥酥软软的口感。

223

大家有没有想过，真正的美味不在于好吃，而在于这味道是否值得你怀念，我觉得最值得怀念的就是家乡的味道吧。

一道菜，一缕愁，一段情。这里面既有对家人的思念，也有味蕾上的乡愁弥漫。

寻"美"之旅

　　窗外下着淅淅沥沥的小雨，丝毫没有要停的意思，我和孩子在沙发上闲聊，我们谈到了什么是真正的美。孩子说："只要有善于发现的眼睛，处处都有美。你看，我们家刚搬了新房子，小区内绿树成荫，花草树木错落有致，雨中的小区朦朦胧胧，似真似幻，我们仿佛置身于仙境之中，妙不可言，这难道还不是真正的美吗？"我见孩子陶醉的样子，笑了笑说："孩子，这是因为我们刚刚搬进来，你觉得一切都很新鲜，都是美的，那五年、十年之后你还会以怎样的眼光来看待这些景色呢？"孩子明白了，虽然这里的景色很美，但不会长久，不能算是真正的美。

　　一个小时后，雨停了，我和孩子到小区内散步，雨后的空气格外清新。对面走来一位女士，长得很漂亮，大波浪的头发披在肩上，散发着清香，手中还牵着一只藏獒。我刚要让孩子向阿姨问声好，却看见她牵着狗走进了刚刚栽好的草坪内，草坪顿时出现了深浅不一的脚印，被踩的小草立刻倒在地上，没有再站起来。更让我不可思议的是这位女士看人的眼神，一副高傲的样子，我又把到嘴的话咽了回去。我低声问孩子，阿姨的做法对吗？孩子脱口而出："她虽然外表美丽动人，但行为不美，也不能算是真正的美。"

　　那什么才是真正的美呢？我告诉孩子慢慢去寻找，去体悟。晚上，我躺在床上，顺手拿起枕边刚买的《居里夫人传》。看着封面上居里夫人的照片，穿着朴素，眼神平和，全身上下没有一件饰品，我能在这里找到想要告诉孩子的答案吗？

　　刚开始的几页我翻得心不在焉，但随着情节的发展，我被吸引住了，一个童年不幸的女孩竟然如此坚强。夜已深，床边的灯依旧亮着，我仍然沉浸其中，寻找居里夫人身上那种闪光的东西，慢慢地，我找到了答案。

居里夫人的信念是坚定的。她容貌秀丽但出身贫寒，从小就与众不同，拥有一份爱国情怀。她希望自己将来会成为一名爱国勇士，将侵略者赶出国土，为了这个理想，她不停地奋斗着。而在这期间，居里夫人为了能够帮助姐姐完成学业，不得不去做了多年的家教，过着清贫的生活。但在她的心中，依然有着坚定的信念。

居里夫人的求学之路是艰难的。学生时代的她，住的是破旧、阴暗、潮湿的小房子，穿的是打满补丁的衣服，就连鞋子里也垫着硬纸板。虽然挨饿受冻，但她依然早起晚睡，一边学习一边打工，度过了充实的大学生活。在这艰难的岁月中，她依然没有忘记自己所深爱的祖国，她时刻想着要为祖国争光、做贡献。

居里夫人的人生是艰辛的。她与皮埃尔·居里从认识到步入婚姻的殿堂，一直携手并进，寻找精神上的共鸣，却过着清贫的生活。她每天与丈夫皮埃尔·居里在简陋的实验室中，冒着生命危险进行化学实验。二人缺乏经费，为了保证实验能继续进行，他们别无办法四处借钱，即便是这样简陋的实验条件，他们却从未想过放弃。正是这种永不言败的信念，最终让她在数千次、数万次的实验后发现了镭，并运用于医学领域。

就在他们全身心地投入伟大的研究中时，皮埃尔却出了事。他参加完会议之后穿过多菲纳街时，迎面驶来了一辆运货马车将他撞倒在地，车轮碾过，脑骨碎裂，皮埃尔当即就死亡了。这件事对居里夫人无疑是巨大的打击，她不知道以后的实验该如何进行下去。但她知道，她还有女儿要照顾，还要照料皮埃尔·居里的老父亲。她很痛苦，但她总是把痛苦埋在内心深处，坚强地微笑着活下去！

居里夫人的人格是高尚的。在她的一生中，她的敬业精神、对科学的热爱和责任感，让人心生佩服。她曾经荣获 7 个国家的 24 次奖金和奖章，25 个国家的 104 个荣誉职位。面对自己的研究成果，她却毫无保留地将它公开，还把得到的诺贝尔奖奖金赠送给别人，甚至贡献出了她实验室里的唯一一颗镭。她为国家的科学事业奉献终生，却将个人利益抛之脑后，"荣誉"和"财富"在她的崇高理想面前显得如一粒沙尘。记得有一句话说，真正的学者是胸怀宇宙的，具备这种胸怀的人才是发现并坚守真理的人。

看完《居里夫人传》，再次凝望居里夫人的照片，这时我不再仅仅打量她的外表，而是凝视她的眼眸，平静的目光中流露出的是她对祖国的热爱和对科学的敬畏；她的美丽不在于外表，而是发自内心的不怕吃苦、不怕艰险、勇于献身科学的精神，也只有这样的美才是永恒的，永不褪色的，是值得被人们所称道和赞扬的。

我默默拿起这本书，想把它推荐给孩子，让他读完这本书，寻找美的踪迹，坚守自己的一份美丽，开启人生的新征程。

你是我心中圣洁的白莲花

简·爱，是许多崇尚平等、自由的人心中的女神，是自尊自重、自立自强的人们心中的楷模。最令我敬佩的是她有一颗清澈的心和自尊自强的灵魂。

简·爱的童年像是被一层黑暗的纱布遮住，娇小的身躯和幼小的心灵承受了令人难以想象的伤害。简·爱没有表姐们那般美丽的外表，也没有表哥那样一出生就拥有财富和地位。她相貌平平、不会阿谀奉承，所以，她并不讨人喜欢。里德太太对她冷嘲热讽、两位表姐对她不屑一顾、里德表哥对她侮辱打骂，甚至连佣人也对她毫不尊重！但是，简·爱没有像表姐们一样变得虚伪吝啬，也没有因为表哥的侮辱而丧失本性。她依旧保持着内心的纯净，就像一朵盛开的洁白莲花。所以，简·爱的人格是高尚的！

十岁时，简·爱被舅母打着"亲情"的名义送进了一所孤儿院学习，然而孤儿院的院长是个伪君子。学校的条件十分艰苦，每当冬季来临时，她常常饥寒交迫、备受煎熬。但也是在这里，生命中第一缕阳光照进了她的生活。她遇到了她的好朋友——海伦·彭斯和老师谭波尔小姐，这让她原本枯燥无味、备受煎熬的生活多了几分色彩。

那一夜，皎洁的月光透过窗户，零零星星地洒在了屋子里，夏夜的微风中夹杂着一丝微热的气息，时不时还有几只蟋蟀跳出来叫几声，一切都是如此地静谧美好。谁能想到，就在这个夜晚，上帝带走了如花般年纪的少女——海伦·彭斯！这让简·爱的内心倍受打击。朋友的去世一度令她变得迷茫，但她在谭波尔小姐的帮助下始终坚持着理想——成为一名受人爱戴的教师。纵使生活依旧坎坷不平，但她始终努力地克服困难。所以，她的精神是坚强的！

简·爱是善良的，又是勇敢的。她努力过好每一天，做好自己该做的事。

面对别人的肆意刁难，她敢于反抗，表达真实的自我。为了追求更丰富、更美好的人生，她不满足于现状。面对坎坷的命运，她始终不改对美好生活的执着追求和坚定信念。在桑菲尔德庄园，她用行动捍卫自己的尊严，并且勇敢地追求属于自己的爱情。婚事受阻后，她选择的是离开自己的家园和所爱的人。经过深思之后，她读懂了自己，读懂了初心，便又毅然决然地回到庄园，回到那经历火灾之后变成废墟的庄园，回到双目失明的罗切斯特身边。真诚纯洁的爱情经历了苦难的洗礼，变得更加纯净、更加美好，更为珍贵。

我喜欢简·爱，喜欢她的质朴，喜欢她的刚烈，喜欢她的执着，喜欢她的勇敢，喜欢她的善良。她在不断地自我反思中成长，她虽然平凡，却有一颗强大的心灵。内心的强大，使得她极具人格魅力。

感谢简·爱，让我深深明白，爱情是一种纯度，亲情是一种深度。感谢简·爱，让我深深懂得，自尊自爱，自强不息，虽平凡却不平庸。

读《简·爱》，让我知道，无论我们被世俗浸染多久，每个人的心灵深处都有一个能够栖息的角落，永远美好如初！

心中的一抹阳光

最近，我读了《海蒂》这本书。

书中的海蒂是一个内心善良又聪明的小女孩，仿佛她的世界从没有受到过灰尘的污染，她虽然是个孤儿，但却依然能够对这个世界充满爱意，依然天真活泼。与她相依为伴四年的姨妈送她到爷爷那儿去时，她没有为姨妈的离去而伤心，反而很开心地和爷爷在并不豪华的小木屋里住了下来，并选了一个合适的地方为自己铺床。她的善良活泼令她能够很快地适应任何环境，因此她迅速地与跟她年龄相仿的牧童彼得成了好朋友。在广袤的牧场上，她很快跟动物们建立了深厚的友谊，更是让性格孤僻的爷爷在灰暗的世界里见到了缕缕阳光。

有海蒂在的地方，少不了欢笑和快乐。海蒂去看望彼得的奶奶，奶奶虽然看不见，但因为海蒂的到来和陪伴，生活也增添了几分温馨的色彩，她们成了彼此重要的亲人。

姨妈为了让海蒂到福兰多托生活，把她从爷爷身边带走。爷爷因为海蒂的离开脾气更为暴躁，奶奶也整天唉声叹气，彼得也因好朋友的离开而郁闷……

海蒂在埃斯曼先生家里遇到了具有独特大眼睛的杰安西巴斯、死板暴躁的女管家，还遇见了与她成了最好朋友的克拉拉。克拉拉不能行走，每天都重复着相同的生活，她很为这个善良正直的女孩的到来感到开心。海蒂每次都给她讲述自己在牧场中的趣事，克拉拉也在海蒂的故事中迷上了那座美丽的阿尔姆山。海蒂在无忧无虑的地方待久了，在这注重礼节的家庭中总是出洋相。她想给奶奶捎回好吃的白面包，就每次都把自己的面包收起来放到衣柜里，女管家打扫时发现了，无比气愤。

海蒂像一只无忧无虑的小鸟，而埃斯曼先生家就像一只牢笼，虽然克拉拉对她很好，但是她还是无时无刻不在想念着她的爷爷、奶奶、彼得、小羊们和那座优美的阿尔姆山。幸运的是埃斯曼奶奶和克拉森大夫走进了她的世界，教她读书，和她敞开心扉交流。埃斯曼奶奶走后，克拉森大夫发现她患了和她妈妈一样的梦游症，海蒂也曾因思念过度不想吃饭而营养不良。最终，埃斯曼先生果断地让海蒂回家，海蒂开心了起来，克拉拉却因为好友即将离开而感到伤心。但为了海蒂的健康和快乐，她给海蒂准备了奶奶最爱吃的白面包和其他好吃的。埃斯曼先生不想让女儿伤心，就答应春天带克拉拉去阿尔姆山。

海蒂终于回到了爷爷身边，爷爷多年来第一次流下了眼泪。海蒂去看了奶奶，并给奶奶带了白面包，奶奶很开心，不是因为白面包，而是她日日夜夜思念的亲人终于回家了。

春天来了，海蒂每天都在等克拉拉，但是克拉拉病情不是很稳定，所以一直拖到了夏天才来。不过，克拉森医生的拜访也让海蒂感到非常开心。克拉森的女儿因病去世之后，他似乎每天都生活在悲伤中，直到认识了海蒂这个无忧无虑的小女孩。海蒂热情地带他去了牧场，认识了自己的小羊朋友们。克拉森医生走后不久就迎来了夏天，埃斯曼奶奶家的克拉拉来了。埃斯曼奶奶同意让克拉拉在海蒂家住下后，海蒂就带克拉拉去看天鹅、小熊，去看那长满鲜花的牧场，去看大杉树。爷爷曾护理过一个受伤的士兵，所以照顾起克拉拉来绰绰有余，他还鼓励克拉拉站起来。在爷爷的帮助和训练下，克拉拉站立的时间一次比一次久，最后她倚靠着海蒂竟然能够开始行走。

海蒂的善良可爱、天真无邪就是这本书的亮点，读完《海蒂》，自己的心灵被震撼了，也不禁向往起那优美的阿尔姆山，可爱的小羊和有着鲜花的牧场……

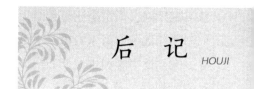

后 记 HOUJI

　　有人说，选择了教师就选择了平凡。自从踏上讲台的那一刻，我就享受着教育带给我的神圣感。因为我愿意在平凡中追求我挚爱的教育事业。

　　教学上，我认真执行党的教育路线与方针政策，全心全意做好教书育人工作。特别是在当今社会，教师队伍人才济济，在竞争激烈、挑战与机遇并存的今天，我不敢松懈对自己的要求，我的终身追求就是当一名合格的教师。

　　记得刚参加工作时，我不善言辞，每次学校开会让青年教师发言，我都是最拘谨的一个，看到别人侃侃而谈，我就忐忑不安。我知道这是教师的一种素养的缺失。

　　当时有老教师鼓励我，刚毕业都会经历这个阶段，可以自己先练习说课。所以我每次上课前，都会对着镜子和自备的小黑板讲给自己听，怎样开场、怎么讲解、怎么提问、怎样板书、怎么总结，都烂熟于心。遇到讲不清楚的问题，就提前向老教师请教，先听他们的课再上课。所以，我很感谢当时的老教师对我的倾囊相授，使我逐渐掌握了教学基本功。

　　作为一名语文教师，我认识到读书是教学的准备，是"内功"。"机会只给有准备的人。"教学质量好不好，比的就是"准备"，比的就是日积月累，比的就是博览群书。因此，我平时就做好知识储备。后来，我的语文课变成了学生们最爱上的课，多少次外出学习，班里的学生都会给我留言："老师，我们想念您，您快点儿回来吧！"

　　随着课程改革的推进，学校决定组建网络实验班。很幸运，我成为其中的一员，担任一个班的班主任和两个班的语文教学工作。

　　刚开始时，大家都摸不着思路，怎样在课堂中运用电脑来实现信息技术与语文课程的整合是个难题。身为备课组长，我利用业余时间查阅书籍，来看这方面的教学实录，多次让同备课组的老师来听我讲课，发现问题及时纠正。我们一起探讨网络实验教学的实施，一起开展学生的阅读与展示活动，一起探讨学生作文网络交流的实效性。自开展网络实验以来，我们的网络教学慢慢走上了正轨。我们将论坛、微课等形式融入语文教学中，利用周末开展学生读书沙龙活动，学生对语文学习的兴趣大增。

现在实行的单元整体教学，对我们的课堂又有了挑战，大到一个单元教材的整合，小到每个知识点的落实，我都得把握到位，在集体备课时充分讨论。在考试复习前夕，我和同事盘点本册的知识点，对各个考点进行筛选整合，并且进行专项训练，减少了盲目性，提高了复习效率。

作为一名语文教师，我也知道课堂是学生学习的主渠道，关注学生是自己的职责。我在课堂上关注每一个学生，尤其是学困生，他们有自卑感，认为自己比不上别人，缺乏自信心。对待他们，我像对待自己的孩子那样，严中有爱，做到耐心、细心、爱心，分析他们学习落后的原因，帮他们正确认识自己，找回自我，多表扬、鼓励，让他们时时感受到老师的爱。

我也珍惜每一次参赛的机会，把自己的每一次参赛看作自己成长的一个个驿站，我告诉自己只为成功想办法，不为失败找借口。正是有了这样的认真与执着，我对自己的课堂要求严格，在不断地听课、研讨、外出学习中磨炼自己，终结硕果，我的多篇论文在各级各类刊物发表。

我现在的身份除了是一名普通的语文教师外，还多年担任学校的语文学科教研组长和备课组长，我深知这意味着责任。记得一次区语文理想课堂开放日活动在我们学校举行，从开始和老师们定课题到备课再到试讲，一起研讨磨课，大到宏观的教材挖掘，小到板书的设计，每一个环节都要仔细斟酌。白天和老师们一起磨课；晚上放学后整理桌凳，贴标识牌，搬饮水机，扛纯净水，打扫报告厅的卫生。这些烦琐的筹备，台前台后的忙碌，让我收获着工作的幸福！

记不清多少次我和同事带着工作回家挑灯夜战，记不清多少个中午放学后我和同事还在办公室讨论重点和难点的突破，记不清多少个周末、节假日我还在忙着工作的未尽事宜。也许就是这样团结协作的敬业精神让大家互相感动着，也让大家成长着。

"长大后，我就成了你，才知道那间教室，放飞的是希望……"每当听到家长说自己孩子有进步时，再苦再累也值得。当自己的同事说与我搭档非常省心时，我心里比吃了蜜还甜。

我们的工作不在于轰轰烈烈，而在于细节的坚持。一路成长，一路收获。我先后荣获山东省中小学教师新秀、山东省优秀班主任、齐鲁名班主任工程人选、淄博市名师、淄博市最美教师、淄博市行业岗位能手、淄博市优秀教师、淄博市第四批骨干教师、淄博市信息技术创新与实践先进个人、淄博市课改攻坚年先进个人、临淄区优秀教师、临淄区师德标兵、临淄区优秀教育工作者、临淄区语文学科带头人、临淄区"巾帼十杰"、"三八红旗手"等荣誉称号，连续三届荣获"全国中小学信息技术创新与实践活动"一等奖，两次荣获创新大奖；辅导的多名学生在国家级、省级比赛中获奖；主持或参与的十几项省、市、区级课题顺利结题。每一项成绩的取得都离不开领导、同事、家长、学生的支持与理解，我心怀感激！

作为教师，我一直走在追梦的路上！